读客®文化

华与华
超级符号案例集

同一个创意套路诞生上百个经典案例，19年来不断颠覆中国各个行业

华杉　华楠　编

江苏凤凰文艺出版社
JIANGSU PHOENIX LITERATURE AND ART PUBLISHING

图书在版编目（CIP）数据

华与华超级符号案例集 / 华杉，华楠编．-- 南京：
江苏凤凰文艺出版社，2020.12（2023.2 重印）
ISBN 978-7-5594-4080-8

Ⅰ．①华… Ⅱ．①华… ②华… Ⅲ．①企业管理－案
例－中国 Ⅳ．① F279.23

中国版本图书馆 CIP 数据核字 (2020) 第 196830 号

华与华超级符号案例集

华 杉　华 楠 编

责任编辑	丁小卉
特约编辑	洪 刚
封面设计	吴 琪
责任印制	刘 巍
出版发行	江苏凤凰文艺出版社
	南京市中央路 165 号，邮编：210009
网 址	http://www.jswenyi.com
印 刷	河北中科印刷科技发展有限公司
开 本	890 毫米 ×1270 毫米 1/32
印 张	9.75
字 数	243 千字
版 次	2020 年 12 月第 1 版
印 次	2023 年 2 月第 5 次印刷
标准书号	ISBN 978-7-5594-4080-8
定 价	68.00 元

目 录

牛小灶牛杂煲

门店离成功就是一个招牌的距离

洽　洽

一个好的包装设计，胜过1亿广告费

老娘舅
打造一个“大道至简”的品牌信号系统

立　高
用超级符号解决企业并购后品牌整合和露出的难题

新东方

用品牌谚语击穿企业部门墙

蜜雪冰城

“雪王”的双百战略：百国通行，管用百年

序　言

创意改变命运

《华与华超级符号案例集》是华与华百万创意大奖赛的获奖案例集，从2019年开始，每年出版一本，这是第二本。不过，2019年第一本叫《华与华百万大奖赛案例集》，今年才改为现名，聚焦到“超级符号”，因为所有的案例，都是使用超级符号方法。华与华是超级符号方法的发源地，“超级符号”也是华与华的产品品牌、学术品牌。

华与华百万创意大奖赛是华与华公司内部的一个营销创意赛事，从2014年开始，每年年底举行，奖励公司当年的优秀案例，总奖金额150万元，第一名奖金100万元，第二名奖金30万元，第三名奖金20万元。

百万创意大奖赛的评价标准有三个：

1. 业绩第一，必须要让客户的生意有明显的增长，对品牌有重大的提升。

2. 因果明确，必须是找到了真因，找到了战略重心，投入在决胜点上，有一战而定的关键动作。

3. 推动行业进步，要对客户的行业有冲击，在行业内乃至社会上有万众瞩目的影响力。

这三个标准是递进的，首先当然是业绩，要有突出的业绩，这是前提。

但是，客户的业绩不一定跟我们的咨询服务有关系，可能是市场整体景气或风口带来的，可能是客户的其他举措带来的，可能是用钱砸出来的。而且，投入产出比可能根本不合算，不可持续，甚至还有这种可能——如果没有我们“添乱”，人家增长还更多呢！又或者，确实是我们的策略创意带来的，但不是我们以为的那样。成败都找不到真因，总结经验全是误会，这是非常普遍的现象。所以，必须要因果明确，确实在一定程度上是我们的策略创意带来的，才能获奖。这是第二条，因果明确。

第三，不能止于业绩和因果，还要对客户的行业有贡献，带来新思想，推动新进步。

所以，评奖标准非常高。那么，获奖的案例都达到这个标准了吗？这个我“笑而不语”。但是，我们又有一个规则，如果我们认为没有任何一个案例达到这个标准，我们就放低标准，也一定要把奖金发出去。否则，我动不动就“从缺”，同事们要嘀咕我这个老板要赖忽悠人，扣着钱不给了。

从2014—2019年，获得第一名百万大奖的案例分别是：

2014年，I♥莜（西贝莜面村）

2015年，安全第一（360案例）

2016年，爱干净，住汉庭（汉庭酒店）

2017年，六颗星牌长效肥，轰他一炮管半年（六颗星牌长效肥）

2018年，掌握好食材，原味福建菜（莆田餐厅）

2019年，专业老人鞋，认准足力健（足力健老人鞋）

2019年，华与华开始将大奖赛对外售票，成为一个公开赛事。因为票价昂贵（1万元一张），成为当年上海票价最高的企业活动。这也成为华与华的一个“营销日历”，每年12月举办百万创意大奖赛，而当年的案例集会在次年大赛举办前编辑出版。

到2022年，我们还将公开举办“华与华500万元创意大奖赛”，之后每五年举办一次，奖励那些持续服务客户五年以上，并有持续贡献的项目组。总奖金额750万元，第一名奖金500万元，第二名奖金150万元，第三名奖金100万元。

举办一年一届的百万创意大奖赛和五年一届的500万元创意大奖赛，背后是华与华的两个理念：

1. 创意改变命运。

2. 悦近来远，终身服务。

第一个理念：创意改变命运。是指要为客户做出起决定性作用，能改变客户命运的创意。另外，只要你能做出大创意，就能在华与华改变自己的命运。当然，不是靠拿大奖来改变命运，而是靠我们的合伙人制和激励机制。大奖赛只是一个象征，一个符号，军无财，士不来；军无赏，士不往。总之，公司悬重赏以求创意。

第二个理念：悦近来远，终身服务。是说把近处的服务好了，他们喜悦了，远方的客人自己就来了。不要吃着碗里，看着锅里。咱们吃着碗里的，就全心全意盯着碗里的，把已经付钱给我们的客户服务好，把每一个客户变成终身客户。新客户让他自己来。这样，我们就要奖励那些能终身服务，能持续创造价值，能让客户离不开的项目组。这就是500万元大奖赛的目的。

去年出版的《华与华百万大奖赛案例集》，是2014—2018年这五届获奖案例的合集。这本《华与华超级符号案例集》是2019年第六届百万创意大奖赛八个参赛案例的合集。华与华还有一个理念，就是不藏私，除了客户的商业机密不能说，我们自己没什么秘密，欢迎学习。所以，这本案例集也非常翔实，可以供企业战略、市场和品牌部门，咨询公司，广告公司，设计公司以及高校相关专业的师生参考交流。如果能对读者有一点启发，就是我们的心愿了。这也是华与华的经营使命：让企业少走弯路。

华　杉

2020年10月9日

于上海环球港华与华办公室

华与华超级符号案例点评语

华　杉

华与华营销咨询有限公司创始人

足力健老人鞋抓住了社会的痛点！张京康先生找到了“老人穿鞋难”这个社会问题，制定了“让每一位老人都穿上专业老人鞋”的经营使命，以此制定了企业的业务战略。

足力健老人鞋给现代商业社会创造了巨大价值，包括社会价值导向的企业战略思想、顾客价值导向的产品研发方向以及超级符号的品牌战略艺术。

足力健

从最细分的市场定位
到最广阔的事业领域

一个好的企业战略应该怎么制定？企业战略不是企业的战略，而是企业为了解决某一社会问题而为社会制定的战略。我们把企业分为两类：一是“社会骨干企业”，是难以替代的社会责任担当者；二是“芸芸众生企业”，自生自灭，随时可以被他人所替代。

2015年，张京康先生创立足力健老人鞋。2017年的年销售额是5000万元，2019年足力健的年销售额已经达到了40亿元。张京康先生开创老人鞋这个新事业，并不是他创造出了一个营销概念的品牌，而是他发现了一个社会问题，并一直在解决这个问题。

第一章

从0到1，从1到100

足力健这个明星品牌，已成为近年来整个鞋服业的创新者。业界很多人都在分析，有人说是广告的成功，有人说是老人鞋定位的成功。这些分析都对，但都没有完整、系统地找出足力健成功的真因。

足力健老人鞋给现代商业社会创造的巨大价值，包括社会价值导向的企业战略思想、顾客价值导向的产品研发方向以及超级符号的品牌战略艺术。本文将为你解开足力健老人鞋的“战略密码”。

1. 开辟老人鞋新市场

2013年春节，张京康回到了山西老家的村子，他发现村里很多长辈都不喜欢出门，就在家里坐着，有的甚至下不来床。张京康仔细一问才知道，原来是这些老人都没有合适的鞋穿。为什么会这样？

原来随着年龄的增长，老年人的脚是会发生变化的。大多数老年人会出现大脚骨、足弓塌陷或高弓足等脚部问题。根据《健康时报》

足部科学研究院的调查显示："89%的老年人存在脚部健康问题，最常见的有大脚骨、足弓塌陷。"从那时候起，他就发愿，要为天下老人做一双专业的老人鞋。

2015年，张京康打开搜索引擎，输入了"老人鞋"三个字，令他感到震惊的是，搜索结果竟然是"0"。就像发现了新大陆，他当即决定马上要做老人鞋，或者说，要发明老人鞋这个品类。在此之前，谁也没想过专门做一双鞋，只卖给老年人，还要为老年人的脚研发产品，那成本得有多高！风险得有多大！

但我们说企业只有不断创新才可以获取利润，张京康就找到了新的需求，发明了老人鞋，实现了创新。

对足力健来说，最主要的创新就体现在"创造一个新产品"——老人鞋，并且"开辟了一个新市场"——老年人的老人鞋市场。

从0到1，足力健老人鞋用创新建立起了一种全新的商业逻辑。从0到1，足力健获得了飞速的增长，成为明星品牌。

2017年，足力健找到华与华，可以这样说，华与华能与足力健合

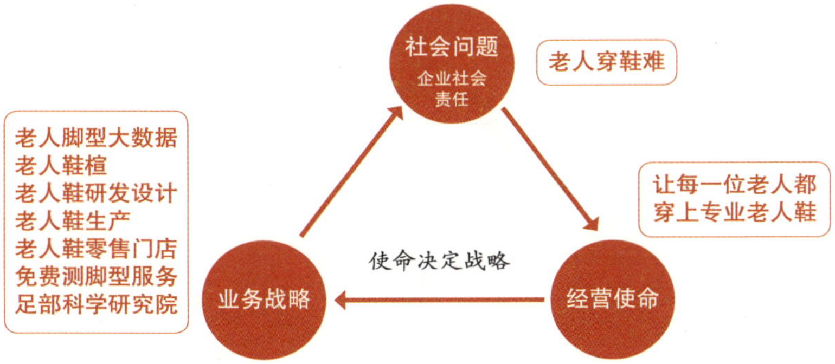

足力健老人鞋企业战略"三位一体"模型

作，是因为我们的观念本来就是一致的，我们是一路人。合作之初，华与华就为足力健定义了“企业战略三位一体模型”，提出了足力健的企业经营使命：“让每一位老人都穿上专业老人鞋。”

五年过去了，足力健从老人鞋这个最细分的市场定位开始，五年40亿的销售额，完成了从0到1，再到100的飞跃，实现了在传统鞋服行业的创新。创新虽然带来了利润，但也引来了更多新进入者加入老人鞋这个行业，竞争随之而来。

2. 不讲竞争，讲博弈

那么足力健该怎么办？是要打败所有新进入者吗？这是企业在发展过程中一定会碰到的问题，尤其是一个新品类。而企业的威胁仅仅是来自新进入者的威胁吗？这里，我们引入竞争战略之父——迈克尔·波特提出的“五力模型”。

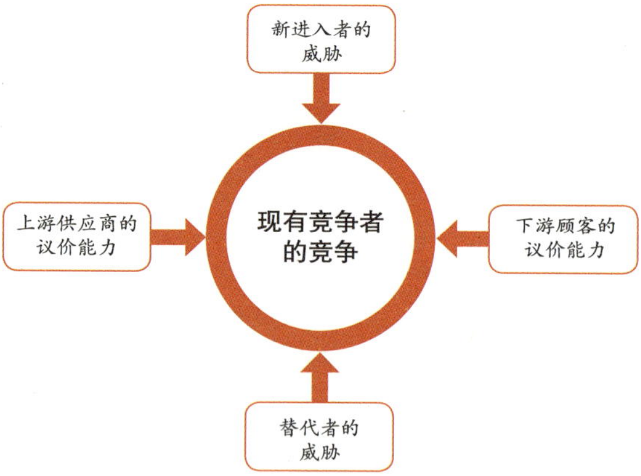

迈克尔·波特“五力模型”图

他从企业的五个角度分析竞争环境，而不只是盯着竞争对手。如果你只盯着现有的竞争对手，那假设整个五力模型是100分，你的视角就只看到了20分。所以我们与其说是竞争，不如说是博弈，是五个视角的博弈：分别是现有竞争者的竞争、下游顾客的议价能力、上游供应商的议价能力、新进入者的威胁和替代者的威胁。正是这五种力，决定了企业的赢利能力，那足力健老人鞋是如何实现生存和发展的呢？

五力模型强调的竞争并不是打败对手，而是赢得顾客，获取利润。华与华方法也强调“非竞争论”：竞争是一种幻觉，同行是一种假设，竞争的本质在于关注顾客，而不在于关注对手。就像泡妞的关键在于妞，而不在于情敌。比如你喜欢班上的班花，同时有10个男生都喜欢她，难道你要去打败那10个情敌吗？即使打败了这10个，隔壁班还有情敌呢，你怎么办？而如果她愿意跟你，有100个情敌也没关系。所以，再过1万年，经营也永远是顾客导向，不是竞争导向。那么，人们为什么老是盯着竞争对手呢？这其实是人性的弱点，不看谁给他饭碗，老看谁抢他饭碗。迈克尔·波特的理论命名为“竞争战略”，我们认为他的实质是“企业博弈战略”。这是企业和顾客、上游供应商、新进入者、替代者和现有竞争者的全方位博弈，以达到一种博弈均衡。

在华与华，我们禁用“竞争”这一词汇，而着眼于“创新”和“博弈”，我们来看足力健老人鞋是如何实现这种博弈均衡的。

用规模效应获得对上游的议价能力

足力健老人鞋主力鞋款只有七款，用七款带来近40亿的销售，所以每款鞋的生产量是巨大的，对上游而言，足力健就能用规模博得对上游供应商的议价能力，实现生产成本的领先。自建工厂，实现90%以上的鞋款自产，进一步降低了生产的成本。

在多样化、个性化、创意化、小规模生产的今天，足力健反其道而行之，以“少样化”实现大规模生产，以降低成本，所降低的成本让利给顾客，就是顾客价值。

不加大对下游顾客的议价能力

足力健对下游销售采取了平价策略，薄利多销，用平价赢得顾客。最低49元就能买到一双专业老人鞋，极大地降低了消费者的选择成本和尝试门槛，为顾客创造价值的同时还替顾客省钱。

我们不谋求加大对下游顾客的议价能力，而是以平价降低顾客的获取成本。正如德鲁克所说：“说企业的性质是利润最大化，不仅是错误的，而且答非所问。与其说企业追求的是利润最大化，不如说企业追求的是利润最小化。为什么呢？因为利润是企业投入竞争的武器。那么企业追求的到底是什么呢？就是继续经营而已。”继续经营，就是基业长青，足力健，就是一个追求利润最小化，实现基业长青的企业。

低成本低定价阻挡新进入者

我们经常会遇到这样的问题，比如我要投大广告打“老人鞋”，就会担心会不会是给别人打广告了，会不会我把“老人鞋”品类打起来了，一大堆老人鞋品牌来跟，最后我替他人作嫁衣裳了呢？但是如果我不打“老人鞋”，只说“足力健”，又说不清自己是什么，这是很多企业会有的矛盾心理。

足力健创业初期，也是突出了足力健的品牌名，而将“老人鞋”放得小小的，华与华实质上直接将“足力健”更名为了“足力健老人鞋”。那我们如何阻挡新的进入者呢？就靠定价！

因为当品牌成熟起来时，足力健就已经将定价做到别的竞争对手难以模仿，如果要做到我们的品质，别人的成本可能还要高于我们的售价，这就阻挡了新进入者。就像在手机领域，如果不是有苹果的高定价，可能根本就不会有之后的小米、华为、OPPO、vivo。作为一个品类开创者，如何定价，要不要对手进来，这是最开始的战略选择问题。

足力健采用的低成本和平价策略提高了行业进入门槛，同时通过快速的渠道扩张、压倒性的广告投入，不断提高门槛，阻挡了新进入者的威胁。

我们可以替代谁

在替代者领域，我们考虑的不是谁能替代我们，而是我们去替代谁。因为在鞋业，足力健本来就是一个新进入者，而且也是一个替代者。当我们建立起服务老人的品牌价值之后，我们可能在老龄产业的更多领域里成为一个替代者，替代一切不专业的老人产品和服务，让凡是和老人生活相关的一切领域，都有足力健提供的专业老人产品和服务。

面对现存竞争者

对于现有竞争，核心是抓产品创新和顾客体验。产品怎么做？没有任何经验可循，张京康就凭着自己的极致追求，自己一步步摸索。

为了摸清楚生产的每个环节，40℃高温的车间，他一待一个月。每一双鞋、每一种材料他都亲自把关。“一定要有用户思维”，是张京康的口头禅。走到哪儿，都去和消费者聊，摸顾客的脚，感受他们的脚部健康问题。也正是对产品极致追求的精神，让足力健的每一款单品都能成为爆品。为了更好地服务顾客，足力健快速扩张渠道，从超市店到街边店，再到商圈购物中心店，从北上广一线城市到全国县级城市，从线上电商到电视的电话购物中心，形成了全面的销售网络，让消费者更容易买到产品。

我们看到，足力健充分分析和运用了五力模型中的每一个“力”，打造了自身的“产业吸引力”，通过品牌和产品，给顾客传递稳定的价值承诺。所有的竞争都是假象，一心只为客户，努力做好产品，所以华与华说：品牌的成功，归根到底是产品的成功。

产品，成功的本质！

第二章

重新定义企业战略

足力健成功之后，很多人归结其成功的原因，都会说是“定位”的成功。事实果真如此吗？从实际情况来看，在足力健成功之后，有无数老人鞋品牌也成长起来，甚至有很多鞋服大品牌也出了老人鞋品类，并且也打广告。如果说足力健是靠所谓的定位成功的，那为什么其他老人鞋品牌就竞争不过呢？

1. 环环相扣，实现总成本领先的独特经营活动

在讨论这个问题之前，我们要先清洗词语，搞清楚到底什么是“定位”和“竞争”。

华与华认为，“定位”和“竞争”是今日中国企业界，特别是营销界，最大的思想烟幕弹和精神迷雾。人人都喜欢说定位，说竞争，好像很简单，但又说不清到底是什么。正如维特根斯坦说的那样：“我时常感到需要把词语从交流中抽离出去，送去清洗，洗干净了，

再送回我们的交流中。”

回到原理思考，我们来看目前市场上两种定位理论的立论。

第一种，是特劳特以竞争导向的消费者心智定位。

第二种，是迈克尔·波特竞争战略的战略定位。

这两种定位和竞争根本不是一个意思！

特劳特的心智定位认为：随着产品的同质化和市场竞争的加剧，经营方式已从顾客导向转向了竞争导向，比竞争对手在顾客心智中的强势，或是利用其强势中蕴含的弱点，确立产品优势位置——定位传播上要有足够多的资源，以将定位植入顾客的心智。

而哈佛大学全球企业战略的第一教授迈克尔·波特，他就反对这个定位，他说简单的定位容易被人模仿，战略定位是一套独特的经营活动，这一组独特的经营活动带来三个结果：第一创造独特的价值，第二总成本领先，第三让竞争对手难以模仿，这是真正的战略定位。

华与华推崇的是后者——迈克尔·波特的战略定位，即战略定位是一套独特的经营活动。什么叫独特的经营活动？我们来看足力健的企业经营活动图：

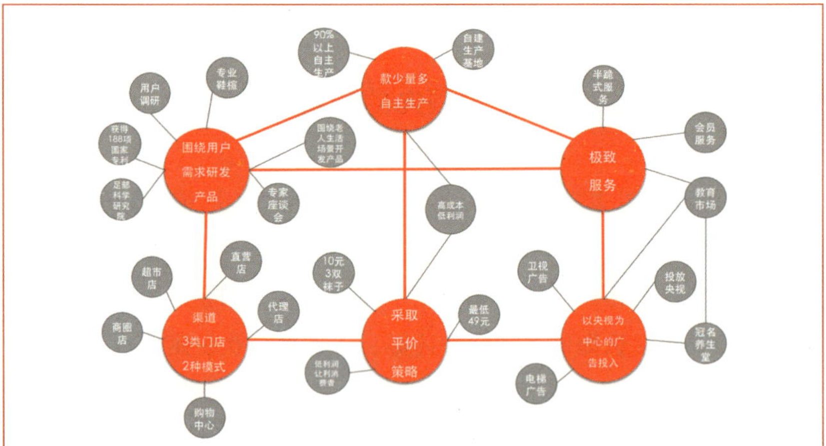

体现足力健独特价值的6个经营活动分别是：

- 1. 围绕用户需求研发产品
- 2. 采取平价策略
- 3. 款少量多，自主生产
- 4. 极致服务
- 5. 3类门店、2种模式的渠道
- 6. 以央视为中心的广告投入

我们一一来看：

① 围绕用户需求研发产品

· 鲇鱼头鞋型，宽松舒适不挤脚
· 足力健鞋前加宽，鞋腰加高，放大鞋内空间
· 老年人脚踝脆弱，元宝鞋帮可以保护脚踝
· 防滑鞋底，大花纹设计，让老年人走路不易滑
· 没有鞋带，一脚蹬设计，方便老人穿脱，不弯腰也能穿上
· 高弹缓震鞋垫，能缓冲老年人走路运动的冲击力
……

所有的功能设计研发都是在满足老年人的需求，解决老年人的痛点。

② 采取平价策略

定价定生死！定价的关键是阻挡新进入者！

足力健在生产端建立了成本优势后，在销售端采取了低价策略，最低49元就能买到一双专业老人鞋，既让利给消费者，又形成了巨大的竞争优势，有效阻挡了新进入者的威胁。

③ 款少量多，自主生产

不同于快时尚品牌，足力健老人鞋的产品是功能性的。这就和走“款多量少”模式的快时尚品牌不同，足力健核心产品系列少而精，但每一款产品的出货量是巨大的。通过自主投产的模式，足力健能够严格把控每一个生产细节，保证产品品质，最大化地降低生产管理成本。

④ 极致服务

足力健门店强调“极致服务”，以半跪式服务为核心的服务模式给消费者带来独特的体验。除此之外，足力健还打造了“送货上门”“包邮到家”“会员优惠”等服务体系。

⑤ 3类门店、2种模式的渠道

足力健老人鞋依靠超市开店积累了大量客群。随着门店的快速扩张和品牌认知度的提高，超市客群逐渐成为存量市场，寻找新的增量成为新的课题。

华与华提出“从超市小店走向街边大店”的渠道策略建议，打开了新的流量，扩大了消费人群。门店走向街边后，让越来越多的年轻人看到了足力健品牌，他们无论是自穿还是送长辈，都挖掘了新的购买理由。门店类型也从超市店向街边店、商圈店、购物中心店全渠道发展。门店经营模式也从代理逐渐转向直营。

⑥ 以央视为中心的广告投入

刺激信号的能量越强，则反射越大。足力健老人鞋每年都斥资数亿，压倒性投入，在央视打广告，刺激我们的消费者，发动他们购买。而且央视广告不是打一年，而是上去了就不下来，日日不断，滴水穿石。以央视为中心，足力健还投入了电梯媒体、北京卫视养生堂和其他卫视等广告。压倒性的广告投入，其实也是提高了投资门槛，阻挡了新进入者。

简单的定位容易被模仿，但一套独特的经营活动组合是别人难以模仿的。正是这六大经营活动，给足力健带来了独特的价值，从而获得总成本领先的优势，让竞争对手难以模仿，建立起了自己的竞争壁垒。足力健是由六个活动组成的一组独特的经营活动，即使对手每一组都模仿到90%，$0.9\times0.9\times0.9\times0.9\times0.9\times0.9=0.54$，6个0.9相乘就是0.54，对手也只能模仿到一半，无法超越。

独特的经营活动背后，本质是形成了足力健独特的成本结构，这就产生了边际效益。依托已有的销售网络和品牌，足力健在固定成本

▲ 足力健央视广告

不变的情况下，可以不断增加新的产品来销售。这套独特的经营活动为足力健创造了独特的价值，帮助它实现企业总成本领先，最后让竞争对手难以模仿。

2. 足力健的企业战略菱形模型

如何保持这套独特的经营活动，并持续为企业创造价值？

华与华说的定位，不是说只做专业化或者要做多元化，这些都是盲人摸象、坐井观天，华与华方法所讲的企业定位，分别是：

第一定位，经营使命的定位。
第二定位，业务战略的定位。
第三定位，经营活动的定位。

▲ 华与华企业战略菱形模型

这三个定位构成了华与华企业战略菱形模型，也就是我们前文所说的分为上下两个三角。上三角是降低外部交易成本，为社会解决问题，这是企业的第一定律。而下三角是降低内部交易成本，为企业创造利润，这是社会效益和企业效益的完美结合。有了企业效益，企业才能持续经营；有了社会效益，企业才能基业长青，才有未来！

据此，华与华也为足力健提出了企业战略菱形模型。

足力健的三大定位：

① 第一定位

足力健的经营使命定位。张京康通过前期的研究，发现了一个巨大的社会问题——老人穿鞋难，洞察了老人鞋这个细分定位和市场，制定了企业经营使命——让每一位老人都穿上专业老人鞋。

▲ 足力健企业战略菱形模型

② 第二定位

为了“让每一位老人都穿上专业老人鞋”，足力健找到了事业领域定位，通过鞋子、门店、足部科学研究院等产品结构和业务组合，形成业务战略，支撑起老人鞋事业。

③ 第三定位

足力健第三定位就是经营活动的定位，通过六大经营活动，创造了差异化的价值。从老人脚型大数据、老人鞋楦的研发、老人鞋的生产设计和老人鞋门店的发展布局等方面，建立起了自己的业务战略，通过这套业务和服务来解决“老人穿鞋难”的社会问题。

华与华通过对足力健企业菱形模型的梳理和定义，帮助足力健厘清了企业战略和事业理论。

第三章

开辟最广阔的事业

华杉说："不断有客户要求华与华帮助实现'品牌年轻化'问题，我很奇怪为什么没有企业找我推进'品牌老龄化'。"

因为我们正在进入一个老龄化社会，后者比前者商业价值要大得多！那些要"品牌年轻化"的企业，十几年前他们着急要跟80后沟通，几年前着急跟90后沟通，现在着急跟00后，好像消费者一过了20岁，就跟他们没关系了。

1."品牌年轻化"的歧途

老想着"品牌年轻化"是病，得治！因为德鲁克多次强调未来不可预知，不可预测，但唯一可预知预测的是人口趋势。

据人口统计，90后人口比80后减少了44.2%，00后又比90后减少了33.7%。年轻人钱少人更少，为什么都要去关注年轻人？如果说未来还有什么风口，就是老年市场。我们将迎来中国有史以来消费意愿和能力最强、人口基数最大的一代老年人，这可能是中国在1980—2040年这60年经济大周期当中最后一轮超级红利。然而，面对老人日益增高的物质生活需求，老人产业并没有做出及时应对，社会生产力并未真正关注老人、关注老人产业。这一次，足力健迈向了更广阔的事业领域，开启了对老龄化产业的战略部署。

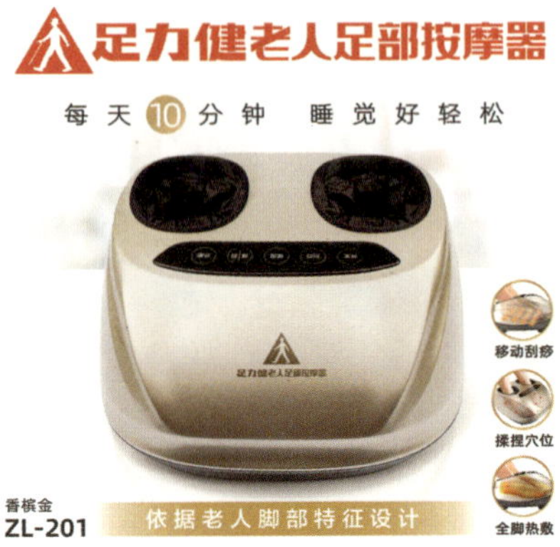

于是，足力健成立了科技公司，推出全新的智能科技产品——足力健老人足部按摩器！这里又有人质疑了，你的定位是做老人鞋的，为什么要去做电器？不是应该做好自己“专业化”的事情吗？

我们说企业的经营到底是专业化还是多元化，其实背后的决策都应该服从于交易成本原理，而足力健恰好做到了对内对外两个交易成本都低。第一，对于供应链端，现在已经有成熟完备的合作供应商，提供技术支持和产品生产，降低了外部交易成本。第二，足力健已经建立起来的广告位势、全国渠道、消费者大数据、专业团队等，极大地降低了企业的内部交易成本。因此它能干老人足部按摩器。

在这里需要特别指出，当“品牌到底是该专业化还是多元化”这一问题被提出时，当时的社会生产力未必能做到外部交易成本的降低，而随着时代的变化，外部交易成本的问题也能被有效地解决了，再加上足力健本身内部交易成本也低，才能干新的事业。所以我们说，从交易成本的原理出发看待企业经营，很多类似“该专业化还是多元化”的决策问题，也不复存在了。

足力健老人足部按摩器的最大价值点，就在于它是依据老人脚部特征设计的。老年人的脚脂肪变薄、脚踝变脆、敏感度下降，而这款足部按摩器独创移动刮痧技术，能实现整个脚底的全覆盖按摩，从脚趾到脚跟都能按到，并且不同的部位，按摩的力度都不同，非常适合老年人的脚部情况。

由于是为老人研发的产品，操作一定要简单。足力健摒弃了市面上传统足部按摩器那些非常冗杂和密集的按键功能，只留下5个按键——开机、刮痧、揉捏、热敷、强弱，一目了然，老人用一次就能记住。在操作上做减法，这也是一种产品创新。

在定价上，足力健依旧采取平价策略！这款足部按摩器相比同行业主流品牌来说，价格又有了优势，又给消费者带来了新的选择和惊喜。这也是足力健独特成本结构所带来的好处，有渠道，有品牌信任了，再次实现总成本领先。

未来，足力健将会生产研发包括足浴盆、按摩椅、机器人等在内的智能科技产品，通过全新的产品结构和业务组合，不断扩大自己在老龄产业的价值版图。

2019年，中央电视台《对话》栏目主动邀请张京康，希望足力健以老龄产业代表企业的身份，做客节目，分享企业和品牌故事。

节目结束后不久，足力健和华与华团队探讨了足力健未来的企业战略，双方达成一个重大判断：足力健要进军老龄产业！在整个老龄化社会的大背景下，老龄产业势必成为新兴的朝阳产业。而足力健拥有与生俱来的企业基因和资源禀赋，有机会成为老龄产业当中的龙头企业！

在站稳了“老人鞋”这个品类之后，依托足力健现有的大平台，未来的足力健可以围绕老人的生活场景，衍生到老人科技领域和老人服务领域。

这又是一次“总成本领先”的体现，全国近4000家门店，就是服务老人最直接的接触点，通过这个媒介，足力健建立了巨大的数据

足力健新的企业战略菱形模型

库，获得了海量资源，未来进入老龄产业，推广上市的新产品，都可以通过门店终端渠道进入老年人的视野，服务老年人。对足力健来说，不需要重新开发新的渠道和门店去销售新产品，所以固定成本变化不大，而销售额却能不断提升，那么足力健企业的经营杠杆系数就降低了，随之而来的就是经营风险的降低。所以，华杉说，经营本质上是个管理会计问题。

在新的事业领域里，华与华提出了足力健要解决的新的社会问题：老年人养老生活需求得不到满足。足力健新的企业经营使命是“让每一位老人都过上健康、快乐的老年生活”。因为我们要始终做到全心全意为老人服务，一切事业理论都是围绕老人展开。至此，我们又画出了足力健新的企业战略菱形模型。

2. 足力健的围棋模型与战略镰刀

进军老龄产业之后，整个足力健企业又有了全新的事业版图和经营活动，这里我们用华与华围棋模型来展示这一盘战略大棋。

华与华围棋模型&战略镰刀

战略就是下围棋
金角银边草肚皮
金角占据制高点
银边拉出包围圈
镰刀收割草肚皮
天下归心成大局

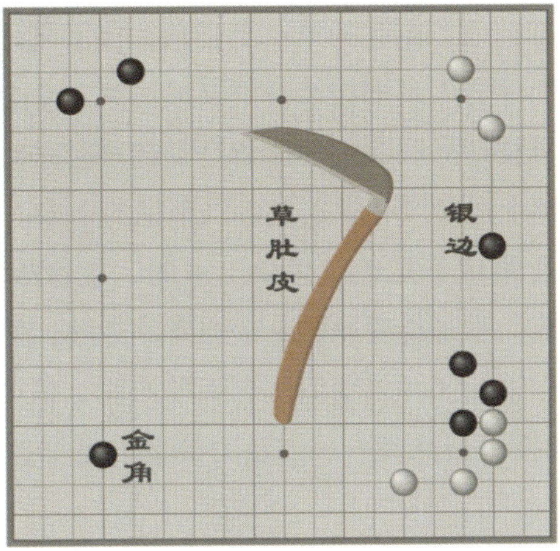

▲ 足力健围棋模型

战略就是下围棋，金角银边草肚皮。金角占据制高点，银边拉出包围圈。镰刀收割草肚皮，天下归心成大局。

从细分市场的定位出发，足力健经过几年的发展，已经将老人鞋产品打造成了企业的第一个金角，接下来，当足力健进军老龄产业时，足力健老人足部按摩器则又成为第二个金角产品。依此类推，当足力健科技产品和我们的金角产品越来越多时，我们的战略镰刀就可以收割整个老龄产业。这是可以预见的未来。

事业领域不是凭空想象出来的，就像战略本身也是一个涌现的过程，我们不是说要制定一个完备的战略，然后去执行，而是不断地学习和探索，2019年我们从老人鞋产业，拓展到老龄产业，并于2020年3月才推出新品类——“足力健老人足部按摩器”，正式进入老龄产业。

看到这盘大棋，就看见了老龄化市场的无限前景和巨大价值，我们已经可以想象出未来足力健的事业版图和企业的企图心，以及它能为社会创造的价值。

第四章

创意决胜战略

找到足力健的超级符号，持续积累品牌资产

只有企业战略还不足以“知胜”[1]，我们的工作永远要靠创意决胜，用创意引爆战略。最后，让我们来看看足力健的品牌战略。

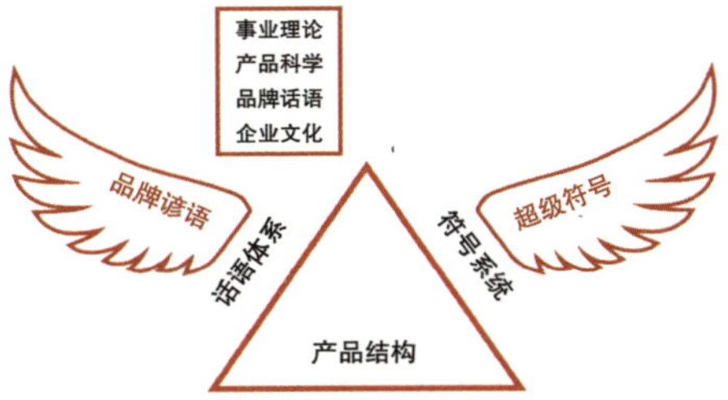

华与华品牌战略三角两翼

1 “知胜”思想来源于《孙子兵法·军形篇》“胜可知，而不可为”，意思是说胜利可以预知，但不可强求。要先胜后战，出手之前就要知道自己有没有胜算。

做企业、做品牌首先要了解自己的产品。而产品结构，就是企业的发展战略图，即在这个品牌下有哪些产品，构成怎样的产品结构。企业战略的核心也是产品结构和业务组合（很多企业没有生产实体产品，提供某服务或者业务在此统称为业务组合），足力健老人鞋不仅提供老人鞋产品，而且提供各种服务和体验的机会。足力健形成了以安全鞋、旅游鞋、散步鞋、保暖鞋、羊毛鞋等产品为主的产品体系，一切产品研发生产都围绕老人的生活场景。

再看话语体系，老人鞋不是足力健的品牌“定位”，而是“命名”，“足力健老人鞋”成为一个完整的命名，建立了一个新的品类。这是华与华方法的语言哲学——词语的权能大于话语的权能，命名就是成本，命名就是投资，命名就是召唤。“足力健老人鞋”就比“足力健是老人鞋”有更强的召唤力，更有力量。它降低了企业的营销传播成本，成为最重要的策略之一。足力健老人鞋的品牌谚语是：专业老人鞋，认准足力健！话语体系有：“老人要穿老人鞋”，这是下定义和判断，承担起教育消费者的责任。还有“妈妈要穿妈妈鞋”“过新年，穿新鞋，送长辈，足力健”“先测脚型再选码”等，至此，足力健形成了“让每一位老人都穿上专业老人鞋”的企业使命和“关爱老人”的企业文化。全心全意为老人服务，成为足力健的事业理论。

最后我们看符号，足力健的原logo比较抽象，难理解，不易被识别、记忆和传播，没有积累下品牌资产，更核心的是，它缺少品类信息！第一次看到的人不知道这家公司是卖什么的。华与华为足力健创作了全新超级符号：红色的三角形边框内，有一位正在向前行走的老人，底部则是品牌名——足力健老人鞋。

▲ 足力健旧logo　　▲ 足力健新logo

新符号中的老人头戴绅士帽，手持文明杖，大步向前走，浑身有劲，呈现出积极健康、乐观向上的精神状态，这才是我们心目中老人的理想形象，也是品牌和产品能给消费者的舒适体验。这个老人形象一下子就放大了足力健品牌与生俱来的戏剧性，也拉近了品牌与消费者之间的距离。

有了老人形象，再加上代表稳定性的三角形图形，超级符号也让门店的终端优势更加明显，从最初的门头上只有“足力健”三个字，到之后所有的门头改成“足力健老人鞋”六个字，并且放大加粗。足力健从最初建立了老人鞋的品类，逐步成为这个品类的权威专家，并成为行业的权威发言人，未来也会成为在老人鞋这个品类的首席知识官。

▲ 足力健老人鞋门店

从命名到话语，再到超级符号，华与华帮助足力健构筑起了品牌战略的大厦，也重新建立和逐步积累起品牌资产。

张京康先生在2019年华与华百万创意大奖赛的现场这样说道："自从我们与华与华合作以后，华与华最让我坚信的就是科学化的商业模式，这是最关键的。还有一点，我觉得足力健能从2017年走到今天，真的是没犯一点点错误。"足力健就是这样一步一步脚踏实地地，从最细分的定位迈向最广阔的事业领域。

张京康对华杉说："我就是没有风险意识的人，我一步一步走来，根本不知道什么是风险，只要想清楚了，马上就去做。"

华与华也将伴随足力健走向更加广阔的老龄产业，迈向千亿市场，让足力健少走弯路，未来不可限量。

华与华企业战略方法与足力健

企业三大原理，为企业“立法”

华杉说：“怎么认识企业呢？就要从最底层的逻辑开始。我总结归纳了如下的企业三大原理，这三大原理没有一个是我的发现，都是往圣先贤的绝学。不过，我斗胆把他们三位的三个思想组合在一起，命名为企业三大原理。”

这三大原理，分别是“科斯交易成本原理”“德鲁克社会职能原理”和“熊彼特创新利润原理”。

第一原理，科斯交易成本原理：企业所有工作都是降低两个成本，一是社会交易成本，即企业外部交易成本；二是降低企业内部交易成本。企业得以生存并持续存在的原因在于它降低了社会的交易成本，比如滴滴打车、大众点评，都是降低了社会交易成本。但是，随着企业业务的扩张和规模的扩大，企业的内部交易成本，比如管理成本也在持续垒高。当企业内部交易成本的上升超过了外部交易成本的降低，则企业的规模停止扩张。所以我们做企业，随时考虑的是内外两个交易成本问题。我们也把企业所有的工作分为两类：一是降低外部交易成本的，比如产品开发、品牌营销等；二是

企业三大原理
科斯
交易成本原理
德鲁克
社会职能原理
熊彼特
创新利润原理

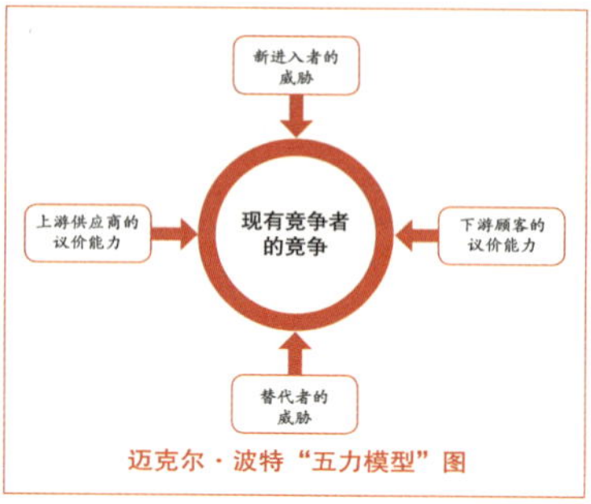
新进入者的威胁
上游供应商的议价能力
现有竞争者的竞争
下游顾客的议价能力
替代者的威胁
迈克尔·波特“五力模型”图

华与华企业战略菱形模型
业务组合和产品结构，就是社会问题的解决方案
社会问题
选择、承担解决某一社会问题的责任，并将之作为企业的经营使命
第二定位
业务战略定位
业务战略
使命决定战略
经营使命
第一定位
经营使命定位
第三定位
经营活动定位
经营活动
一套独特的经营活动，和独特的成本结构，实现：
·独特的价值
·总成本领先
·竞争对手难以模仿

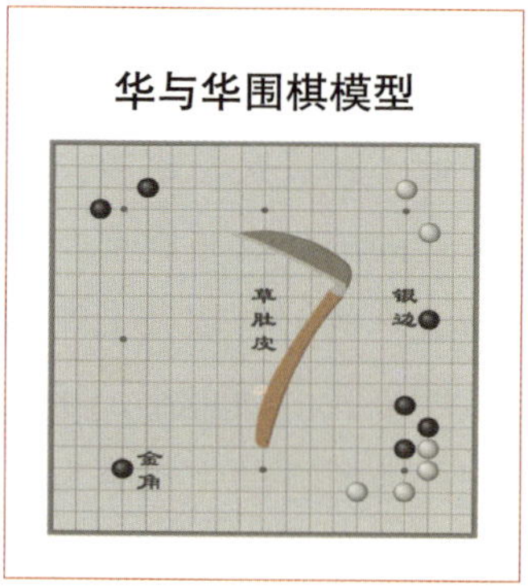
华与华围棋模型
草肚皮
银边
金角

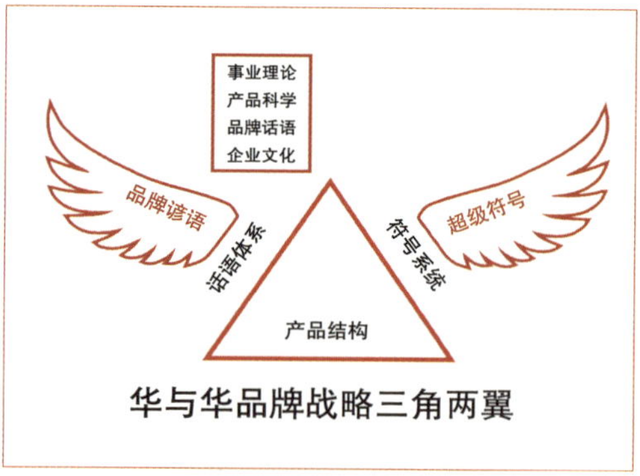
事业理论
产品科学
品牌话语
企业文化
品牌谚语
话语体系
符号系统
超级符号
产品结构
华与华品牌战略三角两翼

降低内部交易成本的，比如激励机制、运营流程、管理制度等。

第二原理，德鲁克社会职能原理：企业是社会的器官，任何一个组织机构都是为了某种特殊目的、使命和某种特殊的社会职能而存在的。即企业能够生存，总是因为我们对社会有用，解决了某一方面的社会问题。我们不能成功，往往是因为自己在如何能更成功上想得太多，在自己到底对社会有什么用上想得太少；而你解决的社会问题越大，你的价值就越大。企业战略不是企业的战略，而是企业为了解决某一社会问题而为社会制定的战略，所以，我们也把企业分为两类：一是“社会骨干企业”，是难以替代的社会责任担当者；二是“芸芸众生企业”，自生自灭，随时可以被他人所替代。

第三原理，熊彼特创新利润原理：唯有创新才能获得利润，如果没有创新，也能获得仅能维持简单再生产的盈余。熊彼特说，那不是利润，是社会付给企业的“管理者工资”，没让你饿死而已。所以我们又把企业分为两类：挣得创新利润的和领取社会付给管理者工资的。

而我们讲创新，一定是围绕熊彼特提出的5个创新的方法论，一条一条地摸排和思考：

① 创造一个新产品，或者给老产品一种新特性。

② 创造一种新的生产方式。

③ 采用一种新的原料。

④ 开辟一个新的市场，不管这个市场之前是否存在。

⑤ 创造一个新的商业组合，建立或打破一种垄断。

要满怀谦卑，严格遵循往圣先贤绝学的指导。如果你能提出第6个创新，恭喜你！或许你就是下一届诺贝尔奖得主了。

如果说牛顿三大定律是为我们的宇宙“立法”，那么企业三大原理就是为企业“立法”。

华与华企业战略菱形模型，降低内外两个交易成本

企业战略不是企业的战略，而是企业为解决某一社会问题，为社会制定的战略，根据社会问题，制定企业经营使命，并由经营使命制定企业的业务战略，由此形成了华与华方法企业战略“三位一体”模型。该模型的意义是为社会解决问题，也就是降低社会交易成本。

企业经营活动，是指企业依靠一套独特的经营活动，创造独特的价值，带来总成本领先，让竞争对手难以模仿。这是降低企业内部交易成本，为企业创造利润，也体现了华与华提出的企业三个定位：经营使命定位、业务战略定位以及经营活动定位。

所以，企业的诞生，首先是“无我”的，为社会解决问题，降低社会交易成本。然后才是“我”，创新以获得利润，这就是华与华企业战略菱形模型的上下两个三角。

企业三大原理和企业战略菱形模型，是本文主要用到的华与华企业战略方法论。

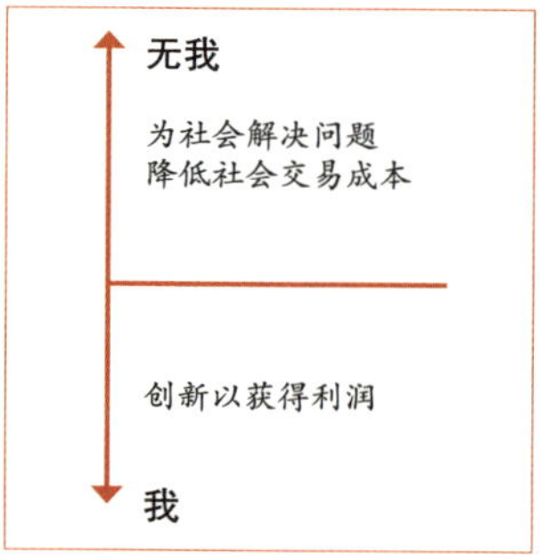

傣妹火锅

华与华超级符号案例
点评语

华　杉

华与华营销咨询有限公司创始人

华与华有的案例，企业并不那么全国知名，但真的做得扎实，做得到位，比如傣妹火锅。

大家都知道，任何一个产品或者企业，都会经历从出生、发展、壮大到达顶点，然后再落下来的过程，我们管这个叫作第二曲线理论。一般处在下落位置，也就是失速点的客户，如果不是饿急了，千万别接，基本拉不起来，因为这是不可能完成的任务。锦上添花易，雪中送炭难，傣妹火锅我们真的是在失速点以下硬把它拉起来的。

我们可以看到，只要扎扎实实地去做，我们确实能实实在在地为企业创造价值！因为我们理解了生意是怎么做的，消费是怎么产生的，品牌是怎样建立的。

傣妹火锅

销量连续下滑的老品牌如何实现二次腾飞

品牌老化，是中国许多企业都会陷入的困局。一个历史悠久的品牌如果不能够与时俱进，获得年轻消费群体的认同，就会给消费者留下品牌老化的印象，随后逐渐被这个时代所抛弃。

2018年傣妹找到华与华的时候，连续4年销量持续下滑，接连关闭多家门店。2019年，傣妹火锅用10个月完成了2018年的全年销售额，实现了品牌的全面焕新升级，接连不断地创造销售新高。

这就是超级符号的创意魔力，在傣妹这样一个历经风雨的品牌上，缔造了一个老品牌全面焕新，再次腾飞而起的品牌奇迹。创意改变命运，创意缔造奇迹，这是傣妹火锅的传奇，也是超级符号的传奇。

第一章

企业诊断：一企一策，因病发药

在华与华，我们解决客户的问题，叫作因病发药，因材施教。每个企业都有自己不同的症状。为什么这些老品牌会消失？就是因为老品牌成功太早，往往不懂得进步。突然之间，就发现曾经不认识的小企业都蹦到了自己的前面，等意识到自己落后的时候，却又不知道如何赶上。

而我们解决品牌老化，其实就是解决两个顽疾：一个是外部品牌形象的老化，一个是内部经营理念的老化。

外部形象老化：带来最直接的一个影响，就是消费者的流失。

傣妹火锅经过二十多年的快速发展，打下了深厚的市场基础。但是随着时代的发展和大众消费市场的升级，来吃傣妹火锅的人越来越少，即使我们在人流量的中心，即使我们如此实惠，傣妹火锅也已经不再是很多消费者选择范围内的品牌了。因为你肯定不会带女朋友到这样的环境里面去谈恋爱，是不是？

内部经营理念老化，往往会有一个心理症状，就是低价牢笼。

把“低价的优势变成低价的牢笼”。

傣妹员工会说：傣妹很便宜，在价格上有很大的优势。我们现在的顾客是工人、老人，还有一些大学生，他们对价格很敏感的，甚至有时候我们的菜涨5角钱，他们也会来投诉！

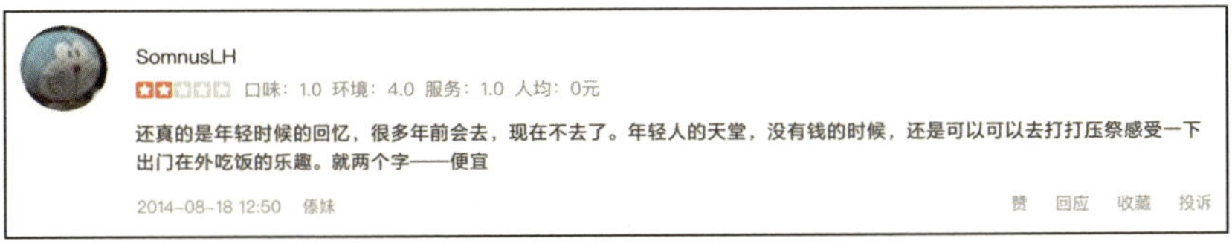
SomnusLH

口味：1.0 环境：4.0 服务：1.0 人均：0元

还真的是年轻时候的回忆，很多年前会去，现在不去了。年轻人的天堂，没有钱的时候，还是可以可以去打打压祭感受一下出门在外吃饭的乐趣。就两个字——便宜

2014-08-18 12:50 傣妹 赞 回应 收藏 投诉

还记得十年前夏天吃傣妹的感觉吗

来自: 点五零 2017-06-06 10:47:50

油豆皮 火腿肠 豆腐鱼 然后自己带羊肉片去涮也没人管 哈哈哈

来自 豆瓣App

▲ 网络上的消费者原话

所以，解决品牌老化这个病，我们要一手解决外在的品牌形象问题，一手解决品牌内部经营理念问题，给老品牌做到内外兼调。

在华与华，我们所有工作都是从品牌三角两翼的两只翅膀入手，为品牌打造超级符号以及品牌谚语。

第二章

超级符号：打造黄金万两超级门头

1. 超级符号继承发扬傣妹火锅品牌资产

做老品牌的超级符号，要如临深渊，如履薄冰。因为一个老品牌发展这么多年，它有着太多太多的品牌资产，何以取舍？坚定什么路子？“笔下有人命关天，笔下有财产万千”，路子错了，就是真金白银地砸下去。所以拿到傣妹火锅这个项目，我们的首要任务就是要去了解傣妹在消费者心中的认知到底是什么。

傣妹火锅，一个23年的经典老火锅品牌，创始人房亮先生创立品牌的初衷是希望能够以亲民的价格，让大众体验到吃火锅的快乐。所以傣妹火锅自成立以来始终坚持走平价的模式，积累了一大批忠实的顾客，享誉大江南北。

在做品牌审计的时候，我们是从员工、消费者记忆中提取、发现傣妹的品牌资产。我们发现，不管是消费者还是企业的员工，孔雀都是最不可磨灭的记忆，是傣妹最深刻的代表。无论在门头还是装饰，孔雀都是傣妹的第一符号，它就是傣妹火锅积累了23年最珍贵的品牌资产。所以我们一致决定将傣妹的孔雀进行超级符号改造。

但是，我们在创作的时候才发现，要改造孔雀这个符号实在太难了。难就难在，我们不仅要做得时尚，更要做解决经营问题的商业设计。因为傣妹的超级符号不是在电脑屏幕里，不是在聚光灯下，也不是在美术馆里出现，而是在商业竞争环境中出现。

华与华有一个重要的理论就是“货架思维”；对餐饮企业来说，街道就是货架，门头就是包装。消费者能不能进店消费，有一个关键点，那就是他能不能第一眼看到你的门头，与你产生沟通交流。而好的门头就是要在街道上获得陈列优势，因为店外的注意率，就是门店的转化率。

所以我们创作超级符号的时候，首先创意的是怎么让孔雀这个符号既能继承傣妹的品牌资产，又能为门店带来陈列的优势。所有的胜利都是意志力的胜利，我们在创意的过程中找到了孔雀开屏这个文化母体，并将其进行私有化改造，创意出了孔雀开屏的超级符号。

▲ 傣妹的旧logo

▲ 傣妹的新logo

2. 超级门头一亮相，就成为整条街最亮眼的明星

我们把孔雀开屏的超级符号应用到门头上，让它闪动起来，放大了符号的戏剧性。创造惊鸿一瞥的视觉效果，在每一个城市最繁华

的街道上，你都能看到傣妹火锅闪动的孔雀，它已成为整个街道最耀眼的明星。

因为人是一种视觉动物，对运动的东西远比静止的东西更敏感。我们把超级符号孔雀开屏以动态的形式放在门头上，消费者在远处就会被我们的门头吸引而驻足。而且闪动的店招具有可描述、可传播性，极大地降低了门店的传播成本。

▲ 傣妹的新旧门头对比

这样一个闪动的超级符号，就是黄金万两，就是生财大道。

2020年我们对傣妹火锅的超级门头进行了改善，由超级门头升级为超级门面。门面，就是傣妹的产品包装，我们打造的不仅是一个门头，而是一整个门面，让傣妹火锅在整个街道上马上被看见、消费者马上被吸引。

▲ 2020年超级门头重新升级为超级门面

3. 超级形象：打造傣妹品牌资产储蓄罐

同时我们也为傣妹火锅创意了一个品牌代言人——超级形象小傣妹。有了这个小傣妹，在品牌营销活动中就可以对小傣妹进行投资，以后我们花的每一分钱都会存在小傣妹这个超级形象上，直到50年之后都还能收到利息。而且每家门店都会标配一个小傣妹玩偶，让它跟着店员一起外出发传单，它每次都会被人争相合影留念，极大地提高了接单的效率。

小傣妹品牌超级形象的全面应用，加速了傣妹火锅品牌传播效率，降低了品牌传播成本，增加了品牌资产的积累。

第三章

品牌谚语：呼唤老顾客，连接新顾客

有了超级符号还不够，我们还要设计一句品牌谚语，给傣妹品牌插上另一只腾飞的翅膀。

什么是品牌谚语？品牌谚语是古老的经验和长者的忠告，是具有权威性的，是传播成本最低的品牌口号。我们就是要找到一句跨越时空，不花一分钱让消费者帮你去“传”的品牌谚语。

华与华方法就是找到消费者脑海里已经存在的东西，通过品牌谚语去唤醒消费者内心的记忆，呼唤那些老顾客回来，同时连接新的顾客进店，建立品牌偏好。

可以说好的创意不是创造出来的，而是原本就存在的，一直在等着你去发现。有时候你苦想冥思也找不到你想要的答案，有时候却会出现“众里寻他千百度，蓦然回首，那人却在灯火阑珊处”的情况。我们的品牌谚语就是在不经意间发现的。

在进行市场调研的时候，我们发现从2011年开始，消费者就会无意识地使用一个句式来表达对傣妹火锅的热爱，那就是“我爱傣妹，傣妹爱我”。这个超级句式来源于一首流行歌曲，被消费者广泛传诵，这就是一种集体潜意识。

我们将其注入傣妹的品牌基因，打造“我爱傣妹　傣妹爱我”品牌谚语。“我爱傣妹　傣妹爱我”品牌谚语一经使用，便落地生根，自发生长，唤醒了曾经对傣妹有记忆的老顾客，召唤他们回归；同时也醒脑了新的顾客，吸引新客进店。

▲　品牌谚语“我爱傣妹　傣妹爱我”

不仅如此，我们还给品牌谚语插上另一只有翼飞翔的翅膀，创意了《我爱傣妹》超级MV，并在每一个傣妹门店播放演绎，打造消费者就餐时的品牌体验。在过去，这首歌能够让傣妹零成本自发传播，在以后，傣妹品牌用这首歌，能再火100年。

▲ 《我爱傣妹》超级MV

提案后的4个月时间，注入华与华为傣妹创作的超级门头，品牌谚语、超级形象的淮海中路旗舰店全新开张。

那闪动的门头、《我爱傣妹》超级MV，配上热闹的火锅，将火锅这种夜生活的体验放大得淋漓尽致，创造了傣妹火锅全新的就餐体验、全新的超级符号系统，也让傣妹这个22年的老品牌焕发了新生。

第四章

塑造英雄产品，摆脱低价牢笼

企业就是产品，每一个企业都有自己的英雄产品。

一个企业要想长久地生存下去，必须要有自己的英雄产品，让顾客想到你，就想到你的产品，想到某方面的产品也就想到了你。可是傣妹这个品牌，消费者对它的印象都是菜品便宜，还没有形成一款特别有代表性的产品。而且也有消费者说：是因为你们菜品质量不行，所以才那么便宜。

其实很多人可能不知道，傣妹内部对菜品品质的把控非常严格。为了把控产品质量，门店使用的锅底、肉丸都是自建工厂生产，调料用的都是一线大品牌。而且许多菜品都是和海底捞一样，采用同一家供应商的。

1. 让老产品成为英雄，释放傣妹火锅的产品价值

我们从原来的老产品中挖掘、选择了一款产品经典红汤，进行重新开发。经典红汤是傣妹火锅20多年来根据消费者的口味不断进行调整，最终形成的独家配方锅底。傣妹为了保证锅底的品质始终如一，自建工厂生产标准化的产品；为了保证锅底能够长时间熬煮，所有的原材料均从印尼进口，越煮越香。

所以我们像打造品牌一样打造经典红汤的产品开发，让消费者提到1997经典红汤就想到傣妹，提到傣妹就能想起1997经典红汤。

产品就是命名，命名就是召唤。我们创意了“傣妹1997经典红汤”，释放产品的价值，并通过话语体系——麻、辣、鲜、香，来证明我们的购买理由；最后用符号系统的设计——有食欲感的锅底图片，放大我们的购买理由。

2. 开发新产品成为新英雄，摆脱低价牢笼

如何让品牌脱离低价的牢笼，建立起品牌的信心？

我们希望能为傣妹火锅开发出一款新的、响当当的英雄产品来，帮助傣妹摆脱低价牢笼。

华与华产品开发的原理：产品开发，营销先行；产品开发的流程不是技术导向，而是营销导向，先有营销再有产品，根据我们提出的购买理由，再交由客户去开发这款产品。同时还要创造消费者的使用体验，这体验让他满意，让他惊喜，让他觉得“值得回忆，乐于谈论”——既要让顾客向我们买，更要设计如何让顾客替我们卖。

傣妹火锅爆品开发分为五大步：

产品选择：就是选择有“爆品相”的产品
产品开发：就是开发购买理由
产品实现：就是满足购买理由
产品体验：就是营造消费产品时的体验
产品传播：门店全面媒体化

产品选择就是选择有“爆品相”的产品

产品的选择至关重要，我们说，产品要有“爆品相”，大流量是打造爆品的基础，所以我们选择整个火锅门店最大流量的单品——肥牛，进行产品开发。

产品开发就是开发购买理由；
任何购买，购买的都是某一个购买理由。

巴掌大肥牛

大家平时吃肉的关键就是要吃得爽，吃得爽的关键就是这个肉比较大、特别大。

产品即命名，那什么样的产品命名能够体现出这个肉特别大呢？在进行创意思考的过程中，我们发现很多网友在表达这块肉比较大的时候，会用巴掌与肥牛进行对比，所以我们为傣妹创意了“巴掌大肥牛”的产品命名，就是肉比巴掌还要大，来传递我们产品的价值。

产品研发实现购买理由

以往产品开发，华与华很少会深入产品的研发技术工作上，因为技术难度太高、风险太大。但是傣妹团队以前也没有像这样开发一个新品的经验。所以这次，我们团队深入参与肉品原材料的选择、成本、定价以及出餐的标准。历经半年，终于找到了口味、品质、成本都满足我们的要求，来自5000公里外的M3等级的澳洲和牛。为了把澳洲极品肥牛的品质传达出去，我们为巴掌大肥牛打造了一张产品履历表，并创意了系列话语体系。

产品体验：营造消费产品时的体验

我们不仅要产品创意，更要在消费者接触的每一个环节都机关算尽，营造设计购买体验。

为了实现巴掌大的创意要求，我们规定，每一块肉都要达到30厘米长、7厘米宽的标准，比两个iPhone11 Pro 都大，这样才能创造消费者的惊喜体验。

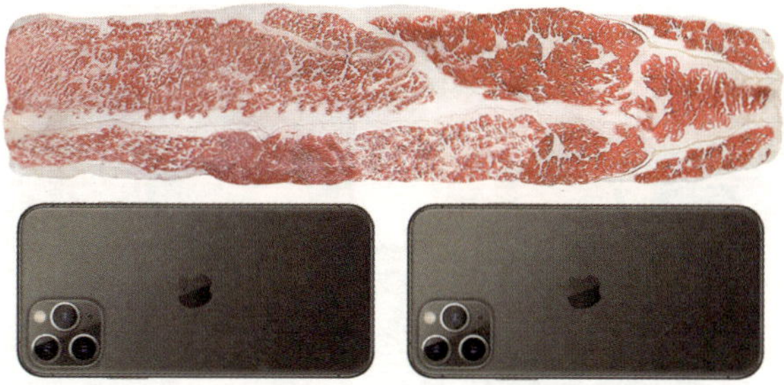

而且关键的是在出餐的肉品上，插上澳大利亚的小国旗，消费者看到才会相信。

最后我们还让服务员在上菜的时候说：“您好，这是傣妹巴掌大肥牛，100%进口澳洲肥牛，轻涮15秒最好吃哦。”这样一来，消费者不仅获得了巴掌大肥牛的惊喜，体验到澳洲和牛的极致口味，同时还收获了产品的知识，产生惊喜感和获得感。

产品传播：门店全面媒体化

产品出来了，接下来就是要一炮把它给打红。

华与华经常说店面就是最大的自媒体，就是企业的中央台，因此我们将其变成品牌的传播平台，展开阵地式的传播。从消费者的消费旅程进行全流程的触媒设计。

产品开发的工作难度非常之高。巴掌大肥牛的开发初期，也遭受了很多内部的质疑。因为受成本限制，巴掌大肥牛比其他肉品整整贵一倍。于是有人说：现在定价太高，傣妹从来没有卖过那么贵的产品，主流消费者肯定承受不起。

最后在傣妹团队的共同努力下，我们创造了一个奇迹。巴掌大肥牛一经推出，一炮而红。上市的第一个月，就成为傣妹涮肉产品中点单率最高、单价最高、评价最好的超级单品。

许多没有上新品的店长，也纷纷要求公司扩大货源，请求尽快上新。

以前傣妹很少会推荐什么产品，也不会打造什么拳头产品，火锅嘛，消费者想吃什么点什么，不要去推荐。但是经过这次成功，老板思维也转变了，他说还是要从产品入手，要注重产品的研发和打造。

第五章

持续改善，获取管理红利

持续改善是我们华与华除超级符号、超级话语之外的第三大核心技术。

在华与华，我们不仅给客户做大创意，更注重小改善。持续改善就是滴水穿石，就是聚沙成塔。持续改善，就是把立马能挣到的一块钱给客户挣到。通过这样的改善，实实在在地提升门店的销售额。

在傣妹，我们主要进行了两个改善：一个是菜单，一个是门店。

品牌有一个很重要的工作就是传播，品牌的传播离不开广告的投入；只有进行压倒性的广告投入，才能给企业迅速带来经营上的增长。

傣妹火锅受制于亲民的经营模式，不能在商圈进行大批量的广告投放，但是我们找到了一个不花钱的超级广告位：菜单。菜单本身是一种点餐工具，在傣妹一直被当作传单来使用。

傣妹一家门店一天要用600张菜单，160家门店一年就是3500万张。所以将菜单设计成一张承担着傣妹品牌营销任务的战略性道具，加速消费者购买决策，进行低成本、高效率传播，自然就会给我们带来巨大的效益。

所以我们对菜单进行了改善，打造成傣妹的超级营销道具。

菜单打造的关键是三个购买：购买理由、购买指令、购买指南，消费者看到这菜单，他需要的决策信息都有了，而且也催促他行动，来吧您哪！

首先，封面当海报使用，为消费者提供购买理由，巴掌大肥牛，一下子抓住顾客，让他被我们的菜品所吸引，让他进店。

其次，菜单核心不仅刺激眼球，更要刺激味蕾。所以我们将所有菜品进行翻拍，充分释放食材价值，菜品看得垂涎欲滴，消费者才会愿意点。

再次，是价格排序。我们将菜品按照价格由高到低进行排序，让消费者一眼就能看到傣妹菜品真的很便宜、很实惠，放大我们的价格优势。让消费者从贵的菜开始点起来，提前就有个消费预期。

▲ 改善前的傣妹菜单

▲ 改善后的傣妹菜单

数量 品名 价格

河鲜海鲜

大块虾肉虾滑

大块虾肉看的见

700	大块虾肉虾滑	20
617	基围虾	18
624	牛蛙	18
600	巴沙鱼片	15
714	蟹球	6
604	蟹肉棒	6

经典火锅菜

安心脆毛肚

满口脆香 让人难忘

730	安心脆毛肚	27
718	安心牛百叶	25
723	乌鸡卷 大份	25
715	小份	9
716	猪脑(一个)	15
713	凤爪	13
719	鸭肠	10
408	香肠	10
712	五花肉	9
724	午餐肉	8
708	培根	8
711	翅尖	8
707	手工蛋饺	7.5
411	亲亲肠	5.5
407	鹌鹑蛋	5
102	肉皮	4.5
403	鸭血	3.5
402	火腿肠	2.5
410	骨肉相连	2
306	鸡蛋	1

丸类

撒尿牛肉丸

706	包心鱼丸	6
701	包心贡丸	6
720	撒尿牛肉丸	6
705	牛肉贡丸	4
702	香菇贡丸	4
704	鱼丸	4
206	鱼豆腐	3.5

菌菇豆制品

鲜活金针菇

118	鲜香菇	7
309	香菇	3.5
110	平菇	3.5
204	冻豆腐	4
205	豆腐皮	4
208	日本豆腐	4
202	百叶结	3.5
307	腐竹	3.5
201	油豆腐	3.5
207	厚百叶	3.5
405	鲜活金针菇	2.5
302	油面筋	2

蔬菜

山东海带

117	山药	5
104	菠菜	4
113	甜玉米	4
109	香菜	4
121	花菜	4
108	生菜	3.5
406	笋片	3.5
105	茼蒿	3.5
116	娃娃菜	3
401	笋尖	5.5
119	莴苣	3.5
404	酸菜	3
101	大白菜	2.5
106	鸡毛菜	2.5
111	冬瓜	2
107	土豆	2
301	山东海带	2
305	木耳	2
112	鲜藕片	2
103	小豆芽	1.5
115	萝卜片	1.5

主食面点

四川宽粉

500	生鲜干拌面	3
310	四川宽粉	3
503	水饺	2.5
303	粉丝	2.5
501	年糕	2
516	米饭	2

小食

现炸小酥肉

酥到掉渣

502	现炸小酥肉	16
509	秘制卤鸭头	8
513	红糖糍粑	6
505	鸡米花	5
504	100%鲜南瓜饼	3
506	春卷	3
511	香芋地瓜丸	3
507	黄金小馒头	2.5
508	锅巴	2
512	油条	2

超值酒水饮料

906	江小白		22
938	石库门		30
920	和酒银标		15
930	劲酒		18
937	红星二锅头		7
905	百威		9
903	三得利超纯		6
904	雪花原汁麦		5
918	雪花勇闯天涯		6
915	酷儿橙汁	1.5L	12
908	果粒橙	1.25L	12
919	百事可乐	2L	10
914	百事可乐	1.25L	8
909	百事可乐	0.5L	4
922	七喜	2L	10
917	七喜	1.25L	8
910	七喜	0.5L	4
923	美年达	2L	10
941	美年达	1.25L	8
911	美年达	0.5L	4
925	椰子汁		7
939	旺仔牛奶		8
921	营养快线		4.5
912	冰红茶		4
902	农夫山泉		2
002	打包盒		1
901	餐巾纸		0.5

点完后请至吧台买单

▲ 菜品按照价格由高到低进行排序

最后，要给消费者购买指南。你店里什么最好吃啊？不要让消费者想，直接告诉他。所以，关键是在特色产品后面打上大大的赞。而且，我们将每一类别图当作产品海报，让消费者马上下单。

我们不仅改善了菜单，还做了门店的持续改善，将傣妹菜品的品质以及价格优势充分释放出来，打造一套门店助销物料。从异形的KT板、门店大菜单、玻璃贴、吊旗、餐垫纸到助销海报，就是这些简单的物料，一经落地，就全面提升了门店的销量。

我们在傣妹常州万达店以及上海松江二店进行了试点测试，结果显示，改善物料全面落地后，门店销量全面上升，周营业额分别提升10.2%、20.9%，其中单品营业额最高提升159%。

改善门店的店长对我们说：“今天下雨，我本来还以为生意会不太好，但没想到今天会爆满，比平时生意都好。”还说：“你们要多来改善，多帮我们提高门店营业额。”

而且在改善物料落地两周之后，傣妹内部召开了门店贯宣会，我们进行了一次门店改善的宣讲，将我们持续改善的物料全面落地，用持续改善物料获取管理的红利。

可以看到，就是通过每个小小的改善，门店营业额就能得到实实在在的增长。一点小改善，或许由此增加0.5%销售额，100个小改善就是企业经营的“核武器”。

“勿以善小而不为”，这就是华与华持续改善精神的绝佳体现。

马上增长！长期增长！基业长青！

2018年末，在提案四个月后，南京狮子门门店全面翻新，在面积减少53%的情况下，实现客单价提升15%，营业额同比提升25%，平效提升了94%。

截至2019年12月底，除去装修的2个月时间，门店整体销售额还增加了4%，相当于2019年用10个月就超过了2018年12个月的销售额。

华与华解决的其实就是品牌老化的两大问题：一个是外部形象的老化，一个是企业内部经营理念的老化。而这二者要内外兼调，才能焕发新生。

华与华通过超级符号、品牌谚语、超级角色，打造了傣妹火锅全新的品牌形象。并通过持续改善、产品开发，在事上琢磨，与企业家、经营者一同成长，帮助品牌脱离品牌低价的心理陷阱，释放产品的价值，正心术、立正学、走正道，让销量下滑的傣妹老品牌，重获新生。

所有的事都是一件事，华与华通过餐饮策划“四大天王”的全面落地，实现了经典火锅品牌的全面焕新，实现了门店营业额同比提升18.3%，平效同比提升151%，为傣妹这个经典火锅品牌插上了新时代再次飞翔的翅膀。

中国要实现百年品牌，首先要解决中国品牌老化的问题。老品牌焕发新生，才是百年品牌的开始。而华与华就是未来中国百年品牌的良师益友，所有的老品牌都应该来找华与华。

华与华品牌战略三角两翼方法与傣妹火锅

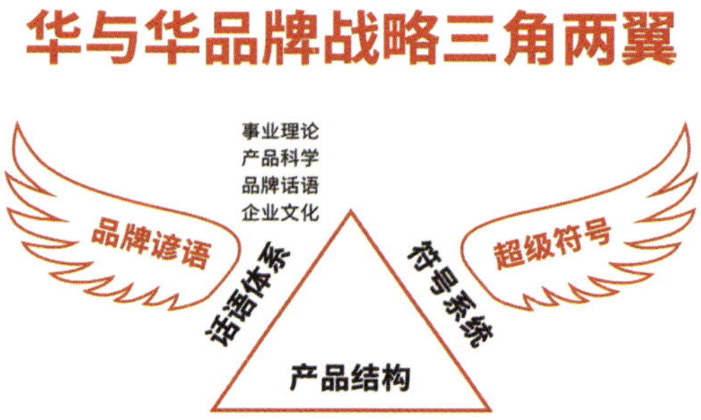

华与华强调：始终服务于最终目的，随时回到原点思考。我们回到做品牌的初衷，做品牌要先弄清楚究竟什么是品牌。

在说什么是品牌之前，我们先回到最原始的问题——品牌的最终目的是什么？很多时候，我们面对一个问题，当你找到它的最终目的之后，你会发现，这个问题往往就会被取消，因为我们都没有服务于最终目的，都没有在原点思考，都还停留在中间环节。所以我们首先要弄清楚做品牌的最终目的。讲到品牌的最终目的，就要涉及品牌的几个参与方，涉及我们跟顾客、社会的方方面面。这里我们不展开来说，只说跟我们自己有关的，首先问我自身的目的，其实就是把我的产品卖出去。

可能你觉得没有品牌也可以卖出去，但是，我不仅要卖出去，还希望卖得多、卖得快、卖得贵。那么我们怎么才能卖得多呢？

卖得多有两层意思：一是买的人多；二是重复购买。再往下分析，卖得多的现象还有什么？下一次还买这个，介绍别人买，你卖什么顾客都买……我们就“贪得无厌”地再往下去想这个事情：邀请顾客高频次地重复购买，这个重复购买的频率是一年买一回还是一天买一回？虽然没有品牌东西也能卖出去，但要是希望顾客下一次重复购买的时候能够找到我，就必须给顾客一个找到我的路径，因此我们一定要建立品牌，这就是品牌的目的。从目的我们再回到什么是品牌，我们来看品牌的定义。在学术上有一个词，叫作“一滴水主义”。什么叫“一滴水主义”呢？大家都知道，半桶水响叮当，我们每个人都是半桶水。是半桶水，就很容易犯错误，那怎么办呢？

我的办法就是把这半桶水再倒掉一点，只剩下最后那一滴，就是惟精惟一、至精至纯、绝对正确、绝对可靠的那滴水。我们以那滴水为基础，以那滴水为标准，以那滴水为思想、为理论，来指导我们的工作。

所以在解释什么是品牌上，我们怎么去找到这“一滴水”？答案就是查字典。什么是品牌？《现代汉语词典》对于“品牌”这个词是这样解释的：“品牌，就是产品的牌子，特指著名产品的牌子。”所以一个品牌要有一个产品、一个名字、一个符号。这个牌子下面有哪些产品，就是品牌的产品结构。话语体系就是产品及产品结构的逻辑，是一套事业理论、价值标准、选择逻辑、购买理由、命名规则、词语和定义，是品牌的文本系统。而且一个伟大的品牌就是一个伟大的符号系统。视觉、听觉、嗅觉、味觉、触觉五大感觉都可以构建品牌的符号系统。

产品结构是物理的，话语体系是文本的，符号系统是符号的，这三条边组成一个三角形，就是华与华方法的“品牌三角形”。

在进行傣妹火锅品牌全面升级的过程中，我们首先从符号系统入手，找到属于傣妹火锅的超级符号。我们没有给傣妹创造新东西，我们只是重新发现这个企业。我们发现不管是消费者还是企业的员工，孔雀都是他们心中最不可磨灭的记忆，就是傣妹最深刻的代表。所以我们把孔雀进行私有化的改造，创造了最能代表傣妹火锅的孔雀开屏超级符号。

其次就是打造傣妹的话语体系。话语体系中提炼出一句口号，这句口号，一般会叫品牌口号，但在华与华，我们把它称为品牌谚语。我们更愿意用谚语的格式来创作口号，因为谚语是人类古老的忠告和人类经验的传承，它是有原力的，是没有心理防线的，是记忆和传播成本最低的句式，但是卷入程度很高，能够让人们自发帮助我们传播。像“饭后百步走，活到九十九”，就不会有人怀疑，没有心理防线，而且马上就能记住，随口就能说出去。

我们在创作傣妹品牌谚语的时候，就是要设计一句话让更多的人卷入进来，帮助我们传播。在研究的过程中，我们发现了一个消费者无意识中自发使用的超级句式，“我爱傣妹　傣妹爱我”。这个超级句式源自张震岳的《我爱台妹》这首歌，它被消费者广泛使用，就是一种集体潜意识。因此我们为傣妹火锅打造了一句品牌谚语：我爱傣妹　傣妹爱我。

最后就是产品结构。为傣妹打造拳头产品，让顾客想到傣妹，就想到傣妹的拳头产品。首先我们对老产品进行翻新，打造了傣妹1997经典红汤，令其成为傣妹第一款拳头产品；随后我们也以营销为导向，进行全新的产品开发，打造了拳头产品巴掌大肥牛，让它成为门店客单价最高、评价最好的产品，帮助客户建立起品牌新的资产。

通过对华与华品牌战略三角两翼方法的运用，我们成功打造了傣妹火锅超级符号、品牌谚语、拳头产品，为傣妹插上了腾飞的翅膀，品牌全面升级。

牛小灶

牛杂煲

华与华超级符号案例点评语

华　杉

华与华营销咨询有限公司创始人

牛小灶项目已经超越了全案咨询的范围，不仅实现了我们对华与华全案策划的要求和标准，也为初创型客户提供了最多的增值服务。从华与华的价值观来说，他们真的把客户的事当成了自己的事，甚至把客户不知道的事也都做了。

我们今天很多显赫的客户，十亿、百亿、千亿营收的客户当初都是从牛小灶这样一个小小的企业成长起来的，所以我觉得他们体现了华与华的精神、华与华的服务。

在华与华我们严禁说什么事你尽力，一定是说尽心尽力，首先是尽心，然后是不遗余力。

牛小灶牛杂煲

门店离成功就是一个招牌的距离

对一家营销咨询公司来说，服务的客户规模越小，承担的风险越大。小企业的经营基础差，执行力弱，人才匮乏，很多时候连成熟的经营模式都还未定型。客户越小越难做，因为客户越小，对创意的要求就越高，对创意的价值就越看重。

牛小灶牛杂煲在营业额只有3000万的时候就来找华与华，可以说，为了支付咨询费用已经砸锅卖铁了。如果华与华没有为客户创造价值，客户将面临巨大的损失。面对这样的客户，我们往往采用高报价把客户吓跑的策略，没想到牛小灶真的和我们签订了合约。

这次合作，对我们双方而言，都可以说是一场豪赌。

引　言

广州历来被称为美食之都，民间有谚“食在广州”。全国人民都知道，广州人懂吃、会吃，顺德、潮汕等地的小吃更是数不胜数。2015年，广州成为全国城市中居民在饮食上花费最多的城市，人均食品消费甚至过万。《舌尖上的中国》里，就单个城市而言，广州市是出镜次数最多的。

广州被称为牛杂的发源地，这历史已超百年。牛杂已经成为广州的美食名片，随便上网一搜都会看到“认识广州，从一碗牛杂开始”这样的说法。

传统牛杂的吃法是，顾客选择自己想要的牛杂，店员用剪刀把牛杂剪成小块，放在塑料碗里，顾客按自己的喜好加调味酱料，用竹签插着边走边吃。

右边是一张典型的牛杂摊（阿婆牛杂）照片。

在广东，牛杂都是以这样的小摊位售卖的，这些摊位大都脏乱不堪，整个行业也没有连锁品牌。

2014年，牛小灶成立。牛小灶把牛杂变成了牛杂煲，把一个街边小吃变成了可以坐下来享受的正餐。

牛杂煲有点类似于鸡公煲和火锅的结合体，顾客只要进店消费，都要点一份牛杂煲，同时也可以点一些蔬菜和肉，作为涮菜。

我们的插画师复原了第一家牛小灶的火爆场景。第一家门店很小，只能放六七张桌子，但因为味道醇正，每晚店外都会摆上五十多张桌子，每天都大排长龙，还有排队的顾客为了插队给服务员递烟，为了抢位置大打出手。

牛小灶在牛杂行业的创新，让公司的发展走上了快车道。牛小灶开始走出街边，走向商圈，开了更多门店，尝试从普通的街边夫妻店升级为连锁正餐品牌。2017年，牛小灶牛杂煲因为味道出众，成为大众点评必吃榜广州上榜餐厅。

同时，市场上也开始出现其他相似品牌，有的叫牛杂煲，有的叫牛腩煲，有的叫牛骨牛杂煲，竞争日趋激烈。

2018年初，牛小灶找到华与华寻求合作，当时牛小灶年营业额3000万元，门店只有7家。牛小灶成为我们2018年最小的客户，对于这个客户，我们意识到，如果没有创造奇迹，根本玩不下去。

第一章

建立强势品牌，秒杀一条街

1. 始终服务于最终目的，随时回到原点思考

对任何客户，我们都是以终为始创意超级符号，不是有了创意之后再考虑如何落地，而是一开始在做创意的时候就考虑如何执行。

面对只有7家门店的客户，我们首先要做的，就是帮助每一家店的生意取得实质性的增长。在创意超级符号的时候，我们首先考虑的就是超级符号最大的载体是什么，在什么地方应用能发挥最大的效应。

▲ 牛小灶原来的门店

对餐饮企业而言，超级符号应用的最大载体，绝对是门店的招牌。

这里引入华与华方法的核心思想“货架思维”。

所谓“货架思维”，就是要根据商品所在货架的信息环境进行创意，我们做一切设计，都要以能否让产品在货架上脱颖而出为标准。

货架有很多，狭义的货架是商场上的货架，在牙膏或书的货架上，创意最重要的应用载体是牙膏的包装和书的封面，它们的竞争对手就是周边同品类的产品。

广义的货架是一切商品信息出现的地方，包括电商页面、街道、电视广告，甚至对微商来说，你的朋友圈也是货架。商品能否在货架上脱颖而出，率先和消费者产生沟通，是能否卖货的关键。如果消费者都没有注意到你，又何谈销售呢？

我们把街道看作货架，那么每一个门店就都是一个商品，而门店的门头就是包装。牛小灶的超级符号最重要的应用载体就是招牌。门店陈列在街道的货架上，要获得陈列优势，要吸引人注意，在迅速被发现的同时，迅速被理解。

牛小灶面对的竞争不仅来自餐饮店，银行、便利店等一切周围的商铺都在分散着消费者对它的注意力。牛小灶的超级符号，一定要力压群雄，产生秒杀一条街的效果，才能真正为生意带来显著增长。

2. 发挥品牌与生俱来的戏剧性

在创作超级符号的时候，最重要的就是发挥品牌与生俱来的戏剧性。

超级符号是为品牌服务的，超级符号不是增加记忆负担，而是减少记忆负担。因此我们在创作超级符号的时候，一定要尽一切可能发挥品牌与生俱来的戏剧性，才能让消费者更容易记得我们的符号、记得我们的品牌。

比如我们为西贝莜面村创作的I♥莜，就是用西贝莜面村的“莜”和“I♥You”相结合。

牛小灶品牌名里有牛，拳头产品是牛杂煲，品牌与生俱来的戏剧性首先是与“牛”相关。而牛最显著的特征，就是头上这对大牛角。我们将牛角抽象出来，结合最有食欲的红色，得到了一对“红色大牛角”。

红色大牛角人人都认识、熟悉，这就做到了一目了然，还蕴含着产品的价值、品牌的价值、品类的价值，能够迅速被发现，迅速被理解，迅速打动消费者。

同时，我们对字体进行了改善，去掉“牛杂煲”的圆圈，将阴刻的字体变成阳刻，更易识别，加速阅读。同时采用非衬线风格字体设计，时尚、现代、简洁、大气，字体做圆角处理，增强亲和力。

红色大牛角是全球化的符号，一出生就是大牌。哪怕只有一家店，也给人一种规模感、大牌感和熟悉感。

牛小灶 牛杂煲 → 牛小灶 牛杂煲

红色大牛角超级符号的适应性也很强，在宽门头上可以撑满整个招牌，在窄门头上和品牌名的组合采用上下结构，同样效果出众。

▲ 超级符号落地的第一家门店（体育西路店）

3. 大创意就是要大

当一只鸭子只是普通的大小，它是最平平无奇的生物。

但是当你把它放得巨大，它就成了一个极具影响力的艺术品——荷兰艺术家弗洛伦泰因·霍夫曼所创作的巨型大黄鸭。

大地艺术家克里斯托夫妇的艺术作品，大都是大型公共艺术作品，都是通过包裹巨大的事物，向人们释放强烈的刺激信号。

当包裹很小的物品的时候，它只是一个平平无奇的包装。

但当包裹德国国会、包裹法国新桥的时候，它就成了一个举世瞩目的公共艺术作品。

对于一个产品是牛肉、名字里带“牛”的品牌，许多人可能都会联想到做一个和牛有关的符号，但也许从未想过要放这么大。

君子无所不用其极，这个符号的真正价值就在于放大、撑满，才能让牛小灶成为强势品牌，秒杀一条街。

2018年11月15日，牛小灶牛杂煲体育西路店重新开业。全新门头落地后，整体效果秒杀整条体育西横街，在没有额外增加营销费用的情况下，周营业额立竿见影环比增长31%。

由于有了这个超级大创意，牛小灶迎来了巨大的成功。

当然，这一过程并非一帆风顺，在合作的过程中，我们和牛小灶的创始人胡新祝先生经历过很多次探讨，才最终确定了牛小灶的战略方向。

▲ 1985年，克里斯托夫妇在巴黎塞纳河上包裹住了新桥。

▲ 1995年，克里斯托夫妇用铝纤维包裹住了柏林的德国国会大厦。被包裹的国会大厦展出时间仅为两周，却吸引了多达500万名游客。

第二章

战略定心，真正奠定发展根基

1. 战略定心，不再摇摆

牛小灶创始人并不是餐饮行业出身，在艰难创业的过程中，他对牛杂这个行业的未来，对牛杂煲的未来，一直存在着以下顾虑：

顾虑一：未来牛杂这个品类的市场是否足够大?

牛杂只是脏乱差的街边小吃，而且只有广东人吃，未来牛杂这个品类的市场是否足够大，能够支撑未来100家店、1000家店的规模?

因为这样的顾虑，牛小灶在快速发展的过程中，开始刻意往牛杂火锅的方向发展，因为潮汕牛肉火锅在全国各地都有成功品牌，火锅这个品类的市场足够大。但由此带来了新的问题：

成本上升：

火锅需要的配菜更多，调料也更多，后厨采购、制作工序变得更加复杂。同时，配菜、加汤等动作的增多，也增加了服务员的服务成本。

口味下降：

牛杂的汤底非常重要，牛杂熬出的汤有鲜香的味道，非常好喝。很多顾客会把牛杂汤浇到米饭上吃光。但做牛杂火锅，需要更多的汤，牛杂汤不够了，只能用牛腩熬的汤凑数，这就导致口味品质下降。

效率下降：

火锅的用餐时间比牛杂煲更长，翻台率下降。

顾虑二：牛杂煲还是牛杂火锅？

牛杂作为小吃的价格只有15~30元，是一种低端食品，价值不高。变为牛杂煲之后价格达到了80元以上，是否应该对牛杂煲做升级，让消费者觉得物超所值？

因为这样的顾虑，创始人在拳头产品牛杂煲里加入了牛腩，把“牛小灶牛杂煲”改成了“牛小灶牛腩牛杂煲”。牛杂煲的价格是88元，牛腩牛杂煲的价格是118元，主打产品三位数的价格较高，让部分消费者望而却步。

我们发现，产生这些问题的根源就在于脱离了“牛杂煲”这一品类。

品牌是一种商业思想，更是一种文化现象。

在前期调研的过程中我们发现，牛杂饮食文化已有100多年的历史。今天，除了广州，在广东很多城市以及中国香港、澳门的大街小巷，都能看到牛杂的身影。

牛杂是拥有百年生命力的美食，未来也会有百年的生命力。我们的品牌只有寄生在有生命力的文化上，成为牛杂文化的一部分，壮大牛杂文化，才能基业长青。

▲ 香港知名牛杂——十三座牛杂

▲ 澳门知名牛杂——明记

牛杂煲的品类非常独特，广东人也有吃“煲“的传统。而脱离了煲，变成火锅，虽然市场更大，却也面临着更大的竞争，潮汕牛肉火锅、川式火锅等领域，都有成熟的大品牌。

基于此，我们对牛小灶的战略判断是：

> 牛小灶应聚焦煲而非火锅，以牛杂煲（而不是牛腩牛杂煲）为拳头产品，加少许配菜让顾客吃得更丰富即可。

2. 嫁接广州文化，获取文化原力

牛小灶的产品诞生于广州，经受住了几乎是全国最挑剔的消费者的考验，产品的味道是毋庸置疑的。

牛小灶的企业战略就是要聚焦牛杂煲，成为牛杂煲的代名词，成为广州美食的一张名片，最终成为牛杂文化的代表。

基于牛小灶的企业基因和企业战略，我们希望把牛小灶嫁接到“广州饮食文化”上，将“牛小灶”和“广州、牛杂”牢牢绑定，创意百年不变的品牌口号。

“广州牛杂煲，就吃牛小灶”，一句蕴含品牌战略、传递品牌价值、包含品牌名字又具有超级语感的口号就这样诞生了。

关键是这句话要上门头，要让消费者看到，才能直接刺激消费者行动，并且上门头之后这句话得到了最大限度的放大，有一种强烈的仪式感和承诺感，相比其他地方的应用，这种用法信号刺激能量更大。

“广州牛杂煲，就吃牛小灶”这句口号，不仅在广州产生了巨大的购买力，即便是在北京、上海、香港，仍然非常好用。因为全世界都知道，广州的美食错不了。

广州牛杂煲
就吃牛小灶

我们为牛小灶创作的超级符号、超级口号，建立了牛小灶品牌的顶层设计，为牛小灶注入了大象的基因，奠定了未来百年发展的根基。

在首次提案结束后，胡新祝先生激动地发朋友圈说："遵义会议，里程碑式的时刻，值得纪念，继往开来的一天！感谢华与华，感谢牛小灶全体伙伴的努力拼搏！新的一篇从这里开始！"

▲ 牛小灶门店醒目的门头

第三章

全方位服务，保姆式执行

1. 门店全面媒体化，周营业额提升18%

对餐饮品牌而言，门店就是它们最大的媒体。要充分发挥门店的广告作用，除了“红色大牛角”的超级符号和“广州牛杂煲 就吃牛小灶”这句超级话语之外，整个门面的“版面”还没有得到充分的发挥。

我们在第一次提案之前，就选了牛小灶珠影店，做了整套全面媒体化方案：

1）在每一家门店门口设置“菜单灯箱海报”，提高产品的能见度，直接刺激消费者的食欲和进店冲动。

在确定拳头产品是牛杂煲之后，我们把牛小灶原来的牛杂煲“经典牛杂煲”改名为“老广州牛杂煲”，用命名进一步占领广州牛杂饮食文化。

牛杂是一种很难清洗的食材，如果洗不干净，味道就不好吃。牛小

灶的牛杂清洗得非常干净，煮出的牛杂汤会有一股清香，而且大众点评上几乎所有的消费者都在说，牛杂煲会一直吃到撑，吃到扶墙走，于是我们得到一句极强的购买理由“牛杂超干净，量大超满足”。

我们将拳头产品和菜单都做成海报灯箱：放大产品照片，进一步强化食欲，让人看了就想吃；放大产品价格，把产品规格分类为“1~2人食，3~4人食”，让消费者能对号入座。

晚上是牛小灶的消费高峰期，夜里灯箱发着光，能够让顾客瞬间被吸引，马上做决策，极大地降低了消费者的尝试成本。

2）把“大众点评必吃榜 · 广州必吃餐厅”做成灯箱，放在门店显眼的位置。

大众点评必吃榜成为牛小灶的品牌背书。如果你从未听说过牛小灶，如果你是第一次来广州，那么只要你看到“大众点评必吃榜”，你就会想进去试试。它所起到的作用，就像米其林一样。如果说米其林餐厅是专家评出的，那么大众点评必吃榜上榜餐厅就是所有消费者评出的。

3）把“营业至凌晨1点”的信息放大，为消费者同时提供购买理由和购买指南。

牛小灶的很多店铺是街边店，会一直营业到晚上12点或凌晨1点，顾客去吃夜宵的时候（广东天气一年四季都比较温暖，吃夜宵的人很多），看到招牌上“营业至凌晨1点”的信息，就知道这家店可以进去吃，不会产生“这家店是否在营业”的疑惑，也就降低了尝试成本。

经过统计，整套方案帮助珠影店周营业额增长了18%。

2. 从顶层到底层，从创意到执行

没有创意，策略等于零；没有手艺，创意等于零；没有执行，一切都是零。好创意，还得好执行。

为了推动全面媒体化物料落地，我们专门开展了专项培训会议，为牛小灶的同事们详细讲解物料的重要性及执行细则。

为推动门头落地，我们来到门店装修现场，与客户一起在门店现场量尺寸，专程去招牌制作供应商现场，敲定门头各个物料的材质和工艺。

从门头到外立面的全面媒体化，帮助营业额增长31%，这对正餐来说是极大的提升。我们本以为牛小灶会快速将整套方案在其他门店落地，没想到时间过去了一个多月，落地工作还没有任何进展。后来我们了解到，牛小灶还处于创业期，各方面的人手和经验都非常匮乏，所以落地工作迟迟没有推进。

为了推动牛小灶快速落地我们的方案，让每一家门店都能够尽快提升营业额，我们出差广州，走遍每家门店，用一把卷尺丈量所有门店。随后我们一家一家设计门店招牌和外立面物料，确保牛小灶正确制作及安装门头和物料。

▲ 走遍每家店，一家一家量尺寸，设计门店招牌和外立面物料

最终，在2019年1月初，牛小灶所有门店终于全部翻新落地。超级符号助力门店全新升级，全面提升了门店的档次感、品牌感。

经过统计，全新形象落地后，6家老店门店整体营业额比2018年同期增加26%。可以说，和华与华合作不到一年，客户付的咨询费就已经值回了票价。

2018年底，牛小灶创始人胡新祝先生发朋友圈说：

> 感谢华与华助攻牛小灶再创新高！想当初很多人都说华与华太贵了，让我找个门当户对的，但这次成功的投资告诉我最贵的往往也是最好的，最好的顾问他会让你少犯错少操心少走冤枉路，让你站在巨人的肩膀上，帮你看得更远想得更明白，帮你节省更多的时间成本、怀疑成本和机会成本，让你“一次性把事情做对”，所以最贵的往往也是最便宜的！

▲ 牛小灶广州天河南店

▲ 牛小灶广州珠影店

▲ 牛小灶广州北京路店

▲ 牛小灶广州杨箕店

第四章

持续改善，全面深入客户生意

1. 菜单=购买理由+购买指南+购买指令

菜单是餐饮品牌最重要的道具，能够影响消费者的决策。

我们对菜单进行了三次大改善。

第一次改善：我们将“传统牛杂煲”重新命名为“老广州牛杂煲”，放大产品的价值，与广州美食文化嫁接，提供购买理由；重要产品放在重要位置，并放大配图，突出产品的核心位置，如将老广州牛杂煲及其他四个主食煲配图占据整个左侧版面，提供购买指南。这次改善全面提高了拳头产品牛杂煲的点单率。

第二次改善：我们增加了夏季版菜单，主色调换成蓝色，给人一种清爽的感觉。同时，我们在菜单的背面增加了品牌专区，增加品牌资产的积累。

第三次改善：我们重新规划牛小灶产品结构。

我们统计了菜单上所有产品的销量和毛利，将销量和毛利双低的产品进行削减，这样做的目的是降低采购成本和后厨运营成本，推动销量向头部产品集中，提高利润率。

同时，我们将菜单分为6个板块，为消费者提供点菜指南，希望第一次来牛小灶的顾客，也能够按照我们规划的步骤，轻松点餐，提高点单效率。

▲　菜单中放大产品的价值

▲　夏季版菜单设计图

▲　当消费者拿起菜单观看时，背面就是一个品牌广告位

牛小灶菜单的改善，既提升了消费者的用餐体验，提高了品牌的档次，同时提高了牛小灶后厨的运营效率和利润率，最重要的是，奠定了牛小灶产品结构的雏形。

2. 商品即信息，产品即媒体

产品是企业最大的媒体。对牛小灶来说，除了门店，还有一个关键媒体，就是每桌必点的拳头产品牛杂煲。

这边放了两张大众点评的评论截图，大家可以看到，除了门头，消费者必拍的一定是拳头产品以及我们的锅具。

在第一次提案的时候，我们就为牛小灶设计了新的餐具：

锅的把手和超级符号一致，进一步强化牛小灶的品牌符号，积累品牌资产。这样以后消费者每一次拍照，都是对我们品牌的一次宣传。

同时，我们还仔细考虑了产品在锅具中的呈现效果。首先，把盖子做成透明的，让消费者一下能看到里面的产品。

其次，大家可以看到，我们新设计的锅具和以前的锅具相比，底部面积和顶部面积是一样的，但我们将餐具的高度降低了1厘米，这样产品在餐具中会更加凸显，显得量更大。

在实际落地的过程中，考虑到后厨的摆放空间，我们又对锅盖做了多次调整。通过调整锅盖的高度及锅盖头部的角度，进一步压缩锅盖的摆放空间，提高摆放的稳定性。

每一次调整，我们都会对锅具进行3D打印，装入产品来实际对比。

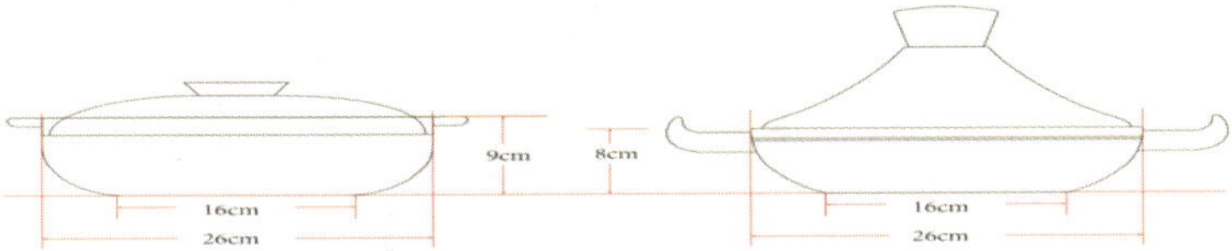
9cm
8cm
16cm
26cm
16cm
26cm

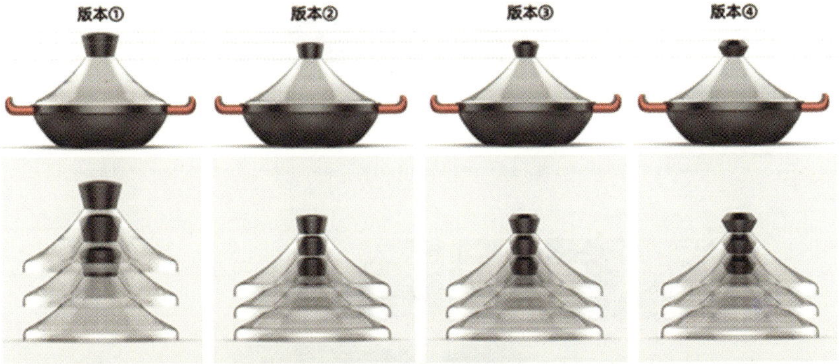
版本①
版本②
版本③
版本④

▲ 一次大众点评消费者评价，就出现了三张牛角锅的照片

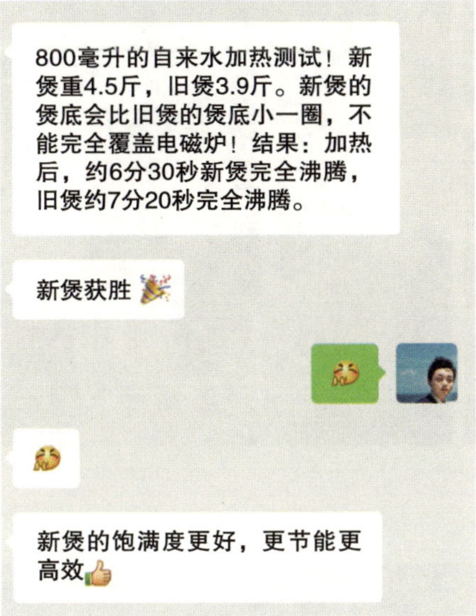

经过近9个月反复打磨优化，牛小灶的超级餐具牛角锅终于横空出世，在新店永旺店投入使用。让我们一起来看一下消费者为我们播传的效果吧。

从大众点评的评论可以看出，即便照片中只露出一个牛角，也能看出是牛小灶的锅具，效果立竿见影！

3. 门店的持续改善

最后，我们来讲讲横跨一年多、难度最大的一次持续改善：门店空间设计的持续改善。

标准化的门店空间设计，是连锁门店快速发展的基础。

在和我们合作之前，牛小灶的门店什么风格都有，没有形成标准，落地一家店时间不确定，效率很低。

最终在我们的共同努力下，牛小灶第一家可复制样板店——永旺店终于成功落地！

至于这家店究竟是怎么设计的，其中有什么玄机，我们会在附文中详细阐述。

▲ 改善前的门店

▲ 改善后的门店

第五章

品牌寄生，新年必吃牛小灶

转眼到了新年，在品牌基础设施全面落地之后，我们开始为牛小灶做品牌推广。

华与华内部有一个工具叫“营销日历”，其目的在于对顾客进行生物钟营销，即在固定的时间，做固定的推广动作，让消费者到了这一天，到了这个季节，就想起来这个品牌消费。

1. 战略性的品牌推广活动，一定要寄生文化母体

人类的生活周而复始，循环往复，永不停止，衍生出人类文明中各种各样的戏剧。

中秋节要吃月饼，春节要放鞭炮、贴春联，端午节要吃粽子。

公司每到年底要开年会，世界杯、奥运会每四年举办一次。

每个人结婚要拍婚纱照，要请客吃饭，要举办婚礼。

如何通过品牌推广活动，把我们的商品、品牌寄生在人类生活

的文化母体中，成为人类生活的一部分，是每一个品牌都需要思考的课题。

比如华与华的知名案例，西贝莜面村的亲嘴打折节，就是把品牌推广活动寄生在了情人节这个节日上，让顾客养成情人节就来西贝莜面村，亲个嘴、打个折的习惯，假以时日，西贝莜面村就会成为人们过情人节时必须要去的地方。

其实很多大品牌也一直用这样的方法做品牌推广。

比如日本肯德基。全世界只有日本人圣诞节吃肯德基炸鸡。

1970年11月，肯德基在名古屋郊区开了第一家店。到1973年12月，日本肯德基已开设了100家店。为了提升肯德基的营业额，从1974年开始，肯德基每年都在所有门店举办圣诞节活动。

肯德基以一句“圣诞节就是要肯德基”（クリスマスにはケンタッキー）配合电视广告宣传，将这个习惯逐渐植入日本人心里。这个广告距今已连续投资45年，一个圣诞节周末的营业额，能占到全年营业额的10%。品牌寄生圣诞节，对日本肯德基的营业额有巨大的提升。

因此，战略性的品牌推广活动，都满足以下三点：

（1）寄生文化母体

（2）每年重复执行

（3）积累品牌资产

寄生文化母体，让品牌成为母体的一部分，然后不断重复。因为只有重复才能让人记住，重复才能积累线下真正的品牌资产，让品牌和节日真正产生联系。

2. 让品牌成为仪式的一部分，让产品成为道具

我们选择新年这一文化母体，不仅是因为这一母体是中国文化里最大、仪式性最强的，还因为聚餐是母体中不可或缺的仪式，菜品是母体中不可或缺的道具。

我们调研了广东地区的各种新年美食，发现广州、香港等地区，新年都有吃盆菜的习俗，讨“盘满钵满”的好彩头。广东地区过年的美食，大部分有吉祥如意、新年好运的寓意。

我们发现，这些食品本身的味道并没有什么异常之处，食材也很常见，人们消费新年美食的本质，其实是在消费符号，比如红瓜子火红的颜色，油角像荷包的形状，糖环有环环相扣的寓意，萝卜糕象征高升。

人们赋予美食精神价值，寄托对新年的美好期待和祝愿。

因此，我们需要一款产品、一句口号，来帮助我们的品牌寄生到春节这个巨大的文化母体当中。

新年有聚餐的仪式，我们希望牛小灶也能参与到这个仪式当中，于是创意了一句超级推广口号：

好的广告语一定满足亚里士多德总结的修辞学要领：

√ 普通的道理

√ 简单的字词

√ 有节奏的句式，或者押韵

√ 使人愉悦

“新年到，牛小灶”这句口号一出，马上得到全公司的认可。

同时，我们还需要一款具有吉祥富贵寓意的产品，经过反复考虑，我们将这款产品命名为：

新年牛8煲

“新年牛8煲”里包含8种牛的部位，都是牛小灶本身就有的食材，并不会增加产品开发的成本和难度。同时，这个名字又有非常吉利的寓意，甚至店员在发传单的时候都可以喊出这道菜：“新年到，牛小灶，祝您新年牛8！”

在核心推广口号和产品开发的基础上，我们还制作了一系列道具物料，例如新年利市红包。

广东有新年派发利市的风俗，过年时逢人就派，家里的客人、小区保安、打扫卫生的阿姨、餐厅服务员、快递小哥、公司员工等都会派利市。

利市形式大于内容，人们不在乎里面有多少钱，关键在于发红包讨个吉利的彩头。

基于此，我们也为牛小灶设计了新年红包，封面上就印着“新年牛8”，里面放着牛小灶的代金券，既强化了品牌活动，又喜庆吉利。

活动开始后，牛8煲作为一款新产品，在门店达到了20%以上的点单率，整个活动大获成功。

随着牛小灶规模的发展壮大，每年新年重复执行，相信牛小灶会在中国新年的饮食文化中占有一席之地。

截至2019年底，牛小灶门店数已经达到15家，营业额比两年前增长200%！

牛小灶因为企业小、人才少、经验少，在华与华得到了超国民待遇。如今，我们可以毫不犹豫地说，我们创造了奇迹！

牛小灶案例的5大亮点总结如下：

1. 大创意就是要大！超级符号红色大牛角，让牛小灶一夜之间获得大牌感，帮助牛小灶建立强势品牌，秒杀一条街。

2. 口号就是战略，口号就是口碑，口号就是行动。“广州牛杂煲，就吃牛小灶”，嫁接广州美食文化原力，聚焦牛杂煲，传递品牌价值，包含品牌名字，又具有超级语感。将品牌与宏大叙事相结合，建立百年品牌资产。

3. 全方位服务，保姆式执行。面对体量小、经验少的小客户，我们提供无边界的服务，一切为了保证创意真正执行到位，一切为了客户生意增长。

4. 持续改善，全面深入客户生意。每一个道具，每一个物料，每一个设计，都能够持续改善，在原来的基础上做得更好，为牛小灶注入改善的基因和经营的信心。

5. 品牌寄生，一套成功的推广方案，帮助牛小灶在新年饮食文化中占据重要位置。

但这在牛小灶创始人看来，并不是华与华最大的价值。

华与华的经营使命是让企业少走弯路。对于牛小灶的案例，我们通过将近两年的服务，不仅让牛小灶在经营实践上少走了弯路，更是帮助企业家增强了信心，坚定了信念，在经营思想层面少走了弯路，激活了牛小灶小品牌的大梦想。

牛小灶的创始人胡新祝先生发朋友圈感叹：

> 华与华的产品不是超级符号，也不是超级话语，而是改变企业家的超级思维！

所以牛小灶这个案例最大的亮点，是改变了企业家的思维，激活了企业家的大格局、大梦想！

第六章

牛小灶门店空间设计解析

对餐饮企业来说，菜品是产品，门店也是非常重要的产品。餐饮业属于服务业，除了菜要好吃、服务要好，门店的用餐体验也同样重要。

当牛小灶新门店陆续开业，顾客越来越多，随之而来的问题就是牛小灶门店空间的升级迫在眉睫。

华与华一直是一家以策略而闻名的营销咨询公司，平面设计是我们擅长的，但很多人并不知道，华与华也可以做空间设计。

与市场上其他公司不同，华与华提供的空间设计解决方案，始终围绕着企业的经营，因为服务好客户的生意才是我们的最终目的。

我们将通过牛小灶门店空间案例，为你详细讲解华与华作为一家战略营销咨询公司，是如何帮助餐饮企业进行空间设计的。

我们为牛小灶打造的第一家样板店位于广州番禺区番禺大道北永旺梦乐城5楼。在牛小灶之前，这个位置是一家卖卤味的店铺。

如下图所示，左边是主要人流量经过处，右边是一个直梯，可以直接抵达1楼及车库，也会有部分人流量经过。

▲ 位于广州番禺区番禺大道北永旺梦乐城的牛小灶门店（改造前）

结合门店所处的位置和环境，我们在设计牛小灶门店的时候，分成了门店外立面设计、平面布局图设计和内部空间设计三大板块。

门店外立面设计：吸引顾客，让人看了就想进来试试。

平面布局图设计：提高运营效率和翻台率。

内部空间设计：提升用户体验，提高服务效率，降低维护成本，提高开店效率。

外立面决定了消费者会不会进店，内部空间决定了消费者愿不愿意再来消费。

1. 做好外立面，开店成功一大半

1）重复超级符号，打造强势品牌

超级符号红色大牛角，具有超强的辨识度，能够极大地提高门店被发现的概率。面对这样一个店型，我们做了三面都上logo的招牌。

除了两个边，门店朝过道的一角还做了弧形的logo设计，这也是牛小灶第一次做弧形的logo设计。

2）口号上门头，强化刺激信号

同样，在招牌的下方，我们重复了两遍超级口号“广州牛杂煲，就吃牛小灶”。

一般来说，物业对招牌的高度有一定的要求，如果要把口号上招牌，logo就会缩小。通过这样稍微凹进去一些的设计，在满足物业要求的同时，增加了招牌的展示面积。同时做了内打灯，让口号更亮更清晰。

3）开放式门店，通透看得见

值得一提的是，相比于之前的店铺，我们将门店做成了开放式的。消费者不论从哪边经过，都能够直观地看到店内火爆的用餐场景。

开放式门店能够极大地提高门店的通透性，让走进门店变得毫无压力。不仅如此，牛杂煲在电磁炉上加热产生的香气也能飘出门店，吸引路过的消费者。

当然，开放式门店，相对来说也更节省成本。

▲　牛小灶门店设计效果图

4）全面媒体化，降低消费者尝试成本

我们为牛小灶设计了拳头产品海报、菜单海报以及大众点评必吃榜上榜餐厅的品牌背书，同时都以灯箱的形式安装在外立面。

从内容上来说，外立面全面媒体化，能够降低消费者的尝试成本和选择成本。

从材质工艺上来说，灯箱更亮，更有质感，能够吸引更多消费者的注意力。

5）卡通等位椅，强化品牌识别

在门店外，我们把等候位的椅子设计成了牛的形象，全黑的椅子，点缀两个红色的牛角，和牛小灶的招牌相得益彰，进一步强化了品牌印记。

▲ 与牛小灶相得益彰的牛形座椅

2. 做好门店布局，提高经营业绩和运营效率

1）多开一个门，就是多开一个流量入口

这是一张门店空间的布局图，大家可以看到，我们在侧面画红框的地方开了一个门。

前面讲到，侧面这条路，有一个直梯可以到达一楼和地下车库，虽然人流量不及主路，但也有相当一部分人会从这条路经过。

如果没有侧门，顾客往前走到路口时，可能会选择往左或者往右拐，如果往左拐，基本上就不太可能到店消费了。

因此我们抢先一步，通过在侧面开门，结合海报灯箱，截流了这一部分顾客。

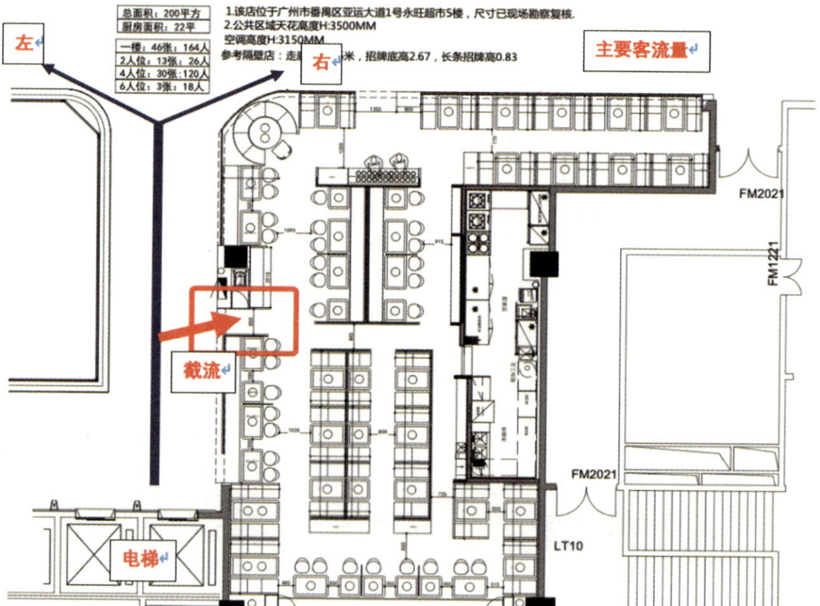

2）合理分配座位，提高翻台率

妥善分配2人、4人、6人位的数量、比例和位置，提高翻台率。

牛小灶的产品，主要为2人食和4人食两种规格，所以到店的顾客一般是2人、3人、4人一起用餐的居多，5人及以上的相对较少，具体比例因店而异。

不过即便是2人来消费，也喜欢坐4人位，因为4人位更宽敞。所以在规划座位比例的时候，4人位是最多的，2人位稍微少一些，6人位最少。

另外，人数不同，用餐时长也不同。6人用餐的时长最长，多为聚餐，因此我们将6人位规划在门店的两个角落（图中红框），减少被打扰的概率。

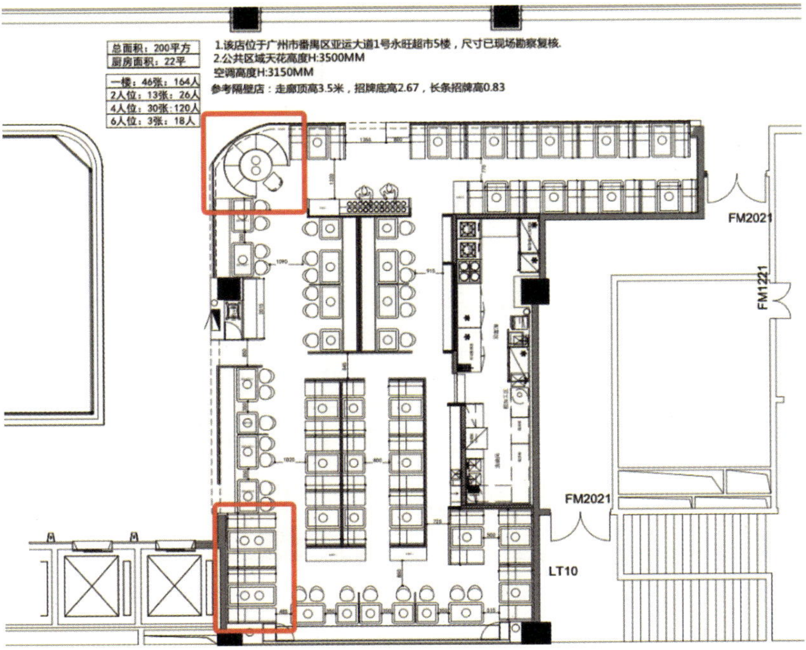

3）均匀分布备餐台，让服务员少走路

每一个备餐台服务一个片区，可以让服务员的备餐效率提高，走最少的路，服务最多的顾客。

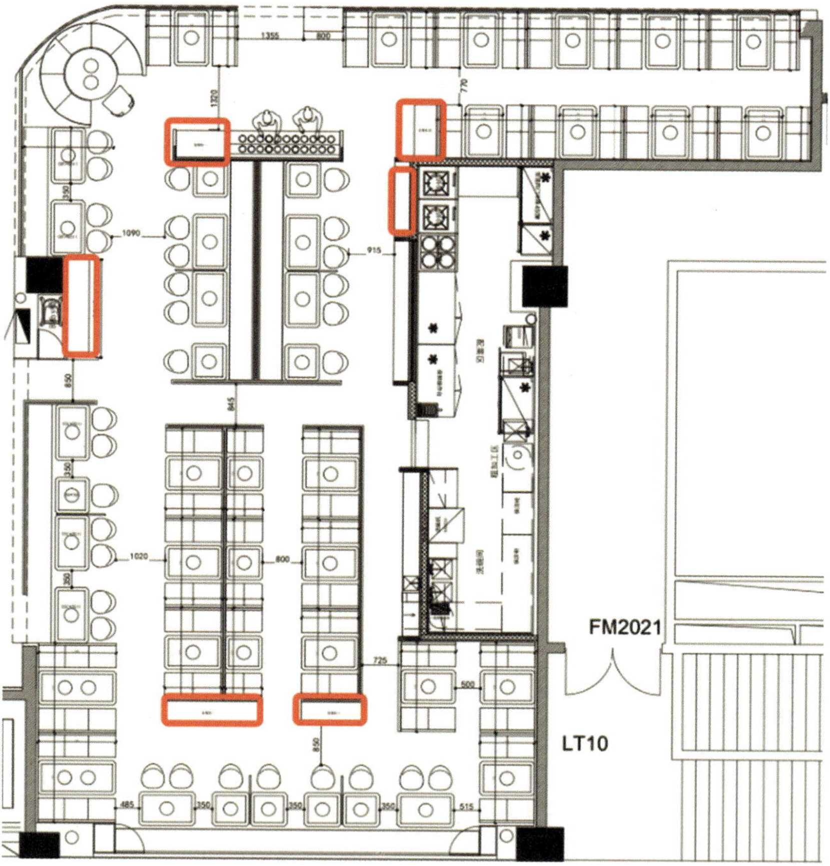

3. 模块化空间设计，标准化复制

我们将门店的空间分成14个模块包括天花、灯具、迎宾台、调料台、备餐台、墙面、隔断（包括地砖）等，基本涵盖了一家门店的大部分空间装修内容，未来根据不同的店型还可以自由组合、灵活调整。

所有模块的设计，都是从容易复制、容易打扫、提升营业额的角度出发的。

举三个例子：

1）迎宾台。采用发光灯箱的形式，既是服务台，也变成了广告位，提高了门店被发现的概率，同时可以标准化应用在所有门店。

2）矮隔断。我们将店内隔断全部设计成矮隔断，因为高隔断会阻挡服务员视线，导致服务员看不到顾客的需求，矮隔断则没有这个问题，同时能够让门店看起来更通透轻盈，也方便打扫。

3）灯具。全部采用嵌入式和明装，而不是吊灯，这样灯具就不会积灰，无须打扫。

除了以上谈到的三个例子，其实落地一家门店还涉及排期、绘制施工图、施工等更多现实问题。

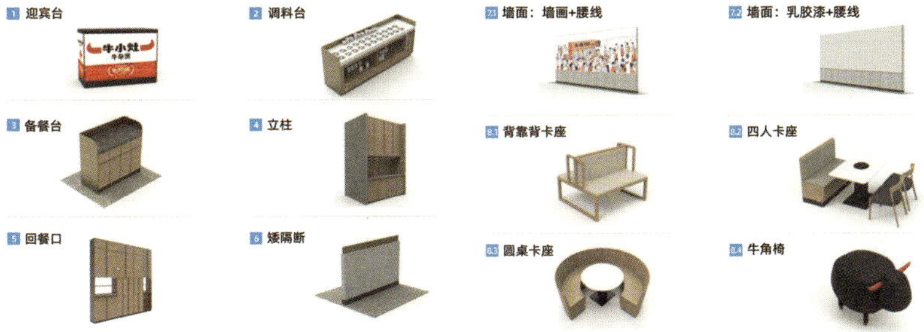

设计说明

尺寸：900mm × 850 × 600mm
材质工艺详见下图

使用说明

在主入口面积许可的情况下，尽量放置迎宾台灯箱，迎宾台要发光，提高门店被发现的概率。

▲ 家具设计之迎宾台灯箱

设计说明

尺寸：1050mm × 80mm
长度根据实际情况自行调整
材质工艺详见下图

使用说明

区域分隔，增加用餐私密性。

金属隔板的安装位置参照下图：

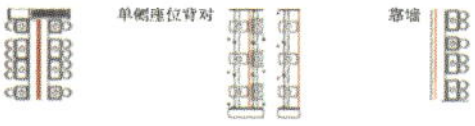

▲ 家具设计之矮隔断

	编号	设备描述	使用区域	设备型号
	R4-1	嵌入式射灯 色温：2700k 光源：10w 光束角度：24° 开孔75mm 白色	客区桌面照明	锐芒照明
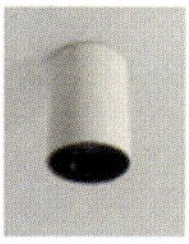	R4-2	明装射灯 色温：2700k 光源：10w 光束角度：24° 白色 注：此灯具灯杯是黑色	客区桌面照明	锐芒照明
	R5-1	嵌入式筒灯 色温：3000k 光源：15w 光束角度：36° 开孔90mm 白色	客区通道照明	锐芒照明
	R5-2	明装筒灯 色温：3000k 光源：15w 光束角度：36° 白色 注：此灯具灯杯是白色	客区通道照明	锐芒照明

▲ 店内模块之照明产品清单

不过最终，我们和客户一起，克服了时间紧张、预算不够、人手不齐等各种原因，终于成功打造了一家可复制的样板店。

牛小灶永旺店，从设计、施工到开业，用时仅两个多月。2019年8月，牛小灶第一家样板店——永旺店终于成功落地。一开业就排队爆满，每周末单日营业额都在3万元以上，成为同一楼层里最火的品牌之一。

在样板店成功落地之后，我们马上做了三本手册。

这三本手册详细总结了一年来我们服务牛小灶的成果，从品牌符号、口号的应用，到门店物料的应用，到空间设计，都做了详细的规范。我们将它命名为牛小灶“开店宝典”。

拿到开店宝典后，牛小灶只用一个月的时间，就快速开出新店，走上更快的发展之路。

华与华方法：始终服务于最终目的，随时回到原点思考。

作为一家战略营销咨询公司，我们在为客户设计门店空间的时候，始终从帮助客户提升营业额、提升运营效率、降低开店成本角度去思考问题。

从门店外立面、平面布局到内部空间设计，华与华形成了一个完整的门店空间解决方案，助力牛小灶走上快速发展的道路。

华与华门头战略方法与牛小灶牛杂煲

为什么牛小灶的门店离成功就是一个招牌的距离?

在华与华，我们会帮助企业明确战略目标和战略重心，协助企业一起做关键动作。对牛小灶而言，它要在短期内有所突破，最重要的战略目标就是做好品牌顶层设计，提升门店的营业额。战略重心就是要做超级符号，而关键动作就是把超级符号在门头上应用到极致。

首先，牛小灶是一个初创企业，它的经营并不复杂。在这个阶段，企业还比较小，还未涉及比较多的组织问题、员工培训问题、未来战略的问题，因为牛杂煲是个新品类，也还未出现极为强劲的竞争对手，牛小灶所要做的就是要快速增长，公司的经营、门店的运营都以快速增长为导向。因此一旦做好门店，做到能够提高消费者注意率，进店率就会提高，营业额就会有明显的提升，企业就会有源源不断的资金去开新店，招聘新的员工。

其次，门头并不只是门店的招牌，门头是牛小灶企业价值、品牌价值的核心。究竟是做牛杂还是做牛杂煲?是做牛杂煲还是做牛腩煲？门头上除了“牛小灶”三个字，品类的名字非常重要。你把哪个产品当成了拳头产品，就意味着哪个产品的点单率会上升，公司的利润率也会因此而变化。你选择主推哪一款产品，就决定了谁是你的竞争对手，以及未来的市场规模如何（如果牛小灶当初不做牛杂而主要做牛尾、牛骨，市场就不会有牛杂这么大，因为牛杂在广东有着广泛的群众基础，而牛尾、牛骨没有）。

通过门头的重新设计，不仅提高了门店营业额，也帮助牛小灶重新梳理了企业的发展战略和品牌价值，确定了主要的经营领域，这对于牛小灶这样一个初创企业是非常重要的。

同时，体育西店的成功落地让牛小灶尝到了甜头，在几个月内把所有门店的门头全部进行了更换。门头的统一，让牛小灶从一个普通餐饮店，迅速成长为一家品牌连锁餐饮店。统一的视觉识别、统一的大牛角，让牛小灶在短短几个月的时间里声名大振，一下子就在全广州打开了知名度。2018年底，我们甚至发现在外省也有很多抄袭牛小灶的名字、产品、招牌和海报的山寨品牌了。

牛小灶店招的成功，不仅带来了营业额的增长，更是给了创始人极大的信心，身处一个有品类无品牌的赛道，牛小灶抓住了这个绝佳的机遇，踏上了快速发展之路。

洽洽®

华与华超级符号案例
点评语

华　杉

华与华营销咨询有限公司创始人

在我们的工作中，有两个关键：第一，要找对课题。很多时候我们在定课题的时候就错了，如果你的课题都立错了，不管你怎么研究，投入多少精力，都是白忙活。第二，确定课题之后，要把握现状，找到真因。只有找到真因，才能够制定对策。

所以，华与华的咨询服务就是从评估客户的课题开始的。2019年初洽洽找我们的时候给了我们两个课题：一是洽洽坚果该怎么定位，二是如何解决洽洽在消费者心智当中是瓜子的问题。

其实两个问题本不存在，因为心智和定位都不是它解决问题的真因。

洽 洽

一个好的包装设计，胜过1亿广告费

洽洽食品想必大家都非常熟悉，或许很多人都是吃着洽洽家瓜子长大的。洽洽食品成立于2001年，如今已是中国坚果炒货行业的领军企业，并在2011年在深交所正式挂牌上市，成为中国坚果炒货行业的第一股。

这样一家成立近20年的国民级企业，在2019年带着一个棘手的大课题找到我们：洽洽作为瓜子行业的老大，现在决定要发展坚果业务的企业第二曲线，从瓜子业务升级到坚果业务，同时定下了“五年百亿，坚果第一”的战略目标。

如何找到洽洽所在行业的战略重心与决胜点，把复杂的问题简单化，我们快速找到了突破口：包装设计。在错综复杂的坚果战场上，洽洽在三个月内迅速成长为坚果市场第一品牌，销量、市值双双破新高！

第一章

三个月，洽洽迅速成长为坚果线下第一品牌

我们和洽洽合作开始于2019年2月，同年7月18日，洽洽首次对外发布了品牌战略升级与全新的洽洽小黄袋包装设计，与此同时，为它全新设计的产品包装也同步上市发售。

新产品上市首月，销量同比提升120%，上市三个月，洽洽三季度财报发布，因为其业务的迅猛增长，在股市也掀起一股坚果浪潮，股价市值双双创新高！仅仅三个月，洽洽快速成长为线下坚果第一品牌。

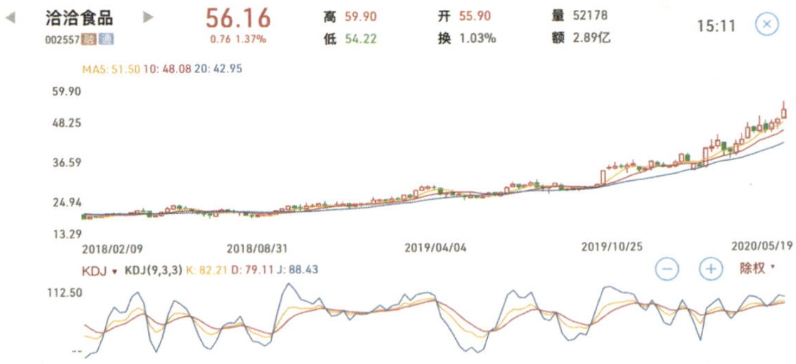

▲ 洽洽的股票走势图

截至2020年5月，洽洽股价连破新高，每股飙升至56.19元，较一年前股价翻了一倍还多！

这期间究竟发生了什么，让洽洽在巨头涌现、错综复杂的坚果市场的竞争中迅速锁定胜局，一战而定呢？

1. 找准你所在行业的战略重心与决胜点，你就已经成功了一半

每个行业的竞争就好比一个个复杂的战局，我们总会遇到各种纷繁复杂的状况。所以当我们身处这些复杂的竞争中时，到底应该如何做出正确的抉择或判断，才可以让我们在竞争中始终立于不败之地呢？

2. 一切工作的起点，是找到你所在行业的战略重心与决胜点

任何行业，在面对复杂战局时，你首先要找到它的战略重心与决胜点。不同行业的竞争就好比一个个复杂的战局，而作为咨询公司的我们，就是要把复杂的战局简单化，将它浓缩为几个主要的战略重心，最好是一个，这一战略重心，就是决胜点；然后把我们所有的军事行动，浓缩为几个主要的行动，当然也最好是一个，而决定胜败的，往往就在其中一个行动上面，找到那个行动，然后将全部资源压倒性投入在这主要的行动上，在这个决胜点上，让企业获得成功。无论在东方还是西方，这都是最重要的战略思想，也是华与华工作的起点。

第一个主要原则是把敌人的力量归结为尽可能少的几个重心，如果可能，归结为一个重心。

同时，把对这些重心的打击归结为尽可能少的几次主要行动，如果可能，归结为一次主要行动。

最后，把所有的次要行动尽可能保持在从属的地位上。

总之，第一个主要原则就是尽可能集中地行动。

——富勒《战争指导》

3. 胜可知而不可为，要先胜后战

通过提前明确企业的战略重心与决胜点，来达到“知胜”的最终目的，只有这样，才能让企业的每一招每一式都始终服务于最终目的，让我们的企业能够在行业竞争中一战而定，赢得胜利。

第二章

快消品行业的战略重心与决胜点在“包装设计”

洽洽食品想必大家一定都非常熟悉，或许大家身边的很多人都是吃着洽洽家瓜子长大的。洽洽食品成立于2001年，如今已是中国坚果炒货行业的领军企业，并于2011年在深交所正式挂牌上市，成为中国坚果炒货行业的第一股。

就是这样一家成立20年的国民级企业，在2019年初带着一个棘手的大课题找到我们：洽洽作为瓜子行业的老大，现在决定要发展坚果业务的企业第二曲线，从瓜子业务升级到坚果业务，同时定下了“五年百亿，坚果第一”的战略目标。究竟如何实现企业这一重大战略转型，是我们与洽洽此次合作的首要课题。

面对一家国民企业的重大战略转型，我们工作的起点同样是快速找到它所在行业的战略重心与决胜点，把复杂的问题简单化。毋庸置疑，洽洽属于快消品行业，那么对于快消品行业，你认为解决这个问题的决胜点在哪里呢？

每个行业的特点都不一样，对快消品行业来说，包装设计就是它的战略重心与决胜点。

找到战略重心与决胜点后，如何用超级符号方法一战而定？先要理解超级符号方法的底层逻辑是基于对“传播”和“媒介”的两个重大理解。

华与华方法，本质上就是基于对“传播”和“媒介”的重大理解。

1. 对传播的理解：一切传播都是符号的编码和解码

首先是对于传播的理解，一切传播都是符号的编码和解码。比如我现在和你沟通是用中文在编码，然后传播给你；你接收到中文文字信息，大脑解码后体会我所表达的意思，然后做出对应的行为反射。

所以我们会用符号进行编码：如声音符号、图形符号，传播给受众；受众接收到信息后，通过解码得到我们想要告诉他的信息和指令，然后他来做出理解与决策。那么，问题来了：一个人能不能把他想要表达的东西全部编码表达出来？不能。

没有人能够把他想要表达的东西全部表达出来，因为编码本身难度就很大，你会发现每次自己想要说一件事情，总会觉得没说清楚。是不是大家或多或少都有过类似的经历呢？所以在哲学上，禅宗叫作不立文字。为什么不立文字？因为说出来就是错的，说出来就老觉得没说全，没说对。所以想要全部表达出来是很难的，因为编码本身就很难，而我们编码之后再把它传播出去，又能够保证所有人都收到吗？好比你打一个广告能保证所有顾客都能看到？也不能，因为传播的过程是有很大损耗的。

所以编码的效率一般来说是很低的，传播的损耗又是极大的，因此，超级符号的方法就是来解决编码的效率和传播的损耗问题。

洽洽原有包装的符号编码问题

在理解传播的本质后，我们来看洽洽原来的包装设计是如何进行编码的。

在实地走访市场的时候我们发现，市面上做每日坚果的品牌很多，品类竞争比想象中的更加激烈，仅一家卖场一个货架上，就有大大小小十几种的坚果品牌，而大家的产品包装设计却大同小异，对产品特点的表现也基本相同，缺乏符号性，能见度低。所以当你站在货架前，你会接收到什么信息？通过理解编码信息又会选择哪一个品牌？是颜色最亮眼的还是图案最可爱的？同时我们还发现一个非常有趣的现象，就是所有的每日坚果品牌都喜欢拼坚果的图案，有的拼数字6，有的拼数字7，还有的拼爱心，拼圆圈，所有的包装都这么相似，消费者怎么选？

▲ 超市货架上包装雷同的每日坚果

▲ 洽洽小黄袋原包装货架实拍图

每日坚果这一全新品类，消费者的认知本来就是模糊的，包装信息没有编码完整，传递的信息又传达不到消费者那里，消费者接收后又得不到有价值的信息和行动指令，大大提高了消费者的选择成本。

原有包装信息编码不完整，缺少主要信息的传达，而传达的过程中又经过损耗，传达不到消费者那里，消费者接收到信号后得不到有价值的信息和行动指令，我们要解决的就是这个问题。

对包装进行重新编码——广告语的底层逻辑是修辞学

华与华有两大核心技术——词语的技术和符号的技术，我们先通过“词语的技术”为它进行信息重新编码，让效率最大化。

如何对文字重新编码？首先要理解广告口号的底层逻辑——修辞学。什么是修辞？修辞是说服人相信任何东西以及促使他行动的语言艺术，也可以理解为说服人行动的语言艺术，目的在于行动。而基于修辞，我们要找到一种能够绕开人心理防线的句子，因为我们去打广

▲ 一句品牌谚语，直击行业本质，牢牢锁定战局

告、卖东西，消费者天然会对我们产生心理防线，但是有一些语言的艺术形式能够绕开人的心理防线，让消费者自动接受、自动行动，所以我们把它称为品牌谚语，也叫品牌口号。

我们常说，营销策划不是看竞争对手，而是看自己有哪张牌可以打。

洽洽在行业内做了20年的坚果，对于坚果的保鲜有相当严苛的要求，正是因为严苛的要求与投入，2017年12月，洽洽在“干坚果贮藏与加工保质关键技术及产业化”方面荣获了国务院颁发的国家科学技术进步奖（要知道，获得一等奖的可是“两弹一星”、杂交水稻等技术），坚守产品品质，才是行业的最高本质。

最终我们为洽洽提出了“掌握关键保鲜技术”的品牌谚语，不仅建立了洽洽产品的竞争壁垒，更是回归整个坚果行业的本质。同时通过“掌握”“关键”“技术”这三个词语所释放的强大信号，让文字的编码与解码效率做到极致。

所以“洽洽，掌握关键保鲜技术”的成功不是靠定位“新鲜”，而是靠“修辞”。

洽洽成功后，好多人说洽洽是定位“保鲜”所以成功了，却不知道真正的成功是修辞的成功，其实在“掌握关键保鲜技术”的8个字里面，最不重要的就是“保鲜”这个词，因为它不是定位，而是修辞，是“掌握”“关键”“技术”这三个词语释放的信号发挥了作用，它的本质原理是修辞；就像“爱干净，住汉庭”的成功不是因为定位了“干净”，真正起作用的是“爱干净，住汉庭”这六个字的词语组合，它让编码和解码的效率及行动指令最大化、极致化，至于增加“保鲜”，是因为洽洽本身就是这么做的，如果它之前做其他的，那我们把“保鲜”换成别的就好了。

对包装进行重新编码——用超级符号创造货架优势

有了“掌握关键保鲜技术”，我们抓住了一个荣誉符号——绶带，这个全世界都认识、熟悉、喜爱的人类文化符号，整体编码成为洽洽包装的超级符号，最终在终端形成视觉强制性，快速抓住消费者的眼睛，让我们的产品能迅速被发现，这背后的逻辑就是寻找有效的图形符号编码。

▲ 超级符号“绶带”，代表荣誉和奖状的符号

旧　　　　　　新

所以说为什么要时刻保持货架思维，目的就是要找到并设计出最高效的编码与解码符号。

原来洽洽最开始定的策略是“畅销欧美40国”，假设我们不做任何策略上的改变，还是这个新的包装设计，只是将绶带上的文字替换成大大的“畅销欧美40国”，它肯定也比原来卖得好。因为我们把这句话用这种形式和符号凸显出来，它自然就变得非常重要，而原来包装设计上全部是小小的文字，所以不管你对顾客说什么都没用，因为没有货架思维，更没有信号刺激顾客看你的包装，你的编码也就不成立。

2. 媒介的理解：商品即信息，包装即媒体

第二个是基于对媒体的认识，我们要建立一个品牌的时候，我们说要打广告，要打广告的时候我们就要去投放媒体，但是最大的媒体是什么，你有没有想过，最大的媒体就是这个产品，所以包装的设计至关重要。我们要在包装上实现三个购买：购买理由、购买指令、购买指南；而我们的包装是既要放大购买理由，又要提供使用说明，因为消费者不了解。

包装设计是快消品企业最大的自媒体

很多企业往往会忽视包装的重要性，俗话说得好："货卖一张皮"，包装可是快消品企业最大的自媒体！我们用洽洽给大家举个例子：洽洽每年要生产并销售数十亿袋产品，而这数十亿袋产品的包装就是数十亿个免费的广告位。想象一下，你投资户外广告、电梯广告才能覆盖多少人，能有幸再看你广告一眼的又剩下多少？而产品包装是能够完完全全和消费者100%触达的。

所以对快消品行业来说，包装设计既是快消品营销的战略重心、货架战场，也是最大的自媒体；包装的媒体功能，比任何电视或平面媒体都强大，也是快消品牌广告创意的关键动作。

商品即信息

一切围绕包装设计展开，则事半功倍。如果缺乏对包装设计的理解，甚至完全是"设计文盲"，做的设计根本和销售成效无关，那就完全没有发力点了。所以，除了为洽洽制定全新的顶层战略及创意工作外，洽洽小黄袋每日坚果的包装设计是决定此次坚果战役成败的关键。

销售的基本原理，就是流量转化。包装设计，就是要让受众站在货架前，看见包装的时候，转换为购买者。

第三章

彻底讲透洽洽包装设计的十大机关

什么是好的包装设计？其实很简单：就是你必须假设一分钱广告费也没有，更不可能有导购员，把这包装扔到渠道上去，它自己就能把自己给卖出去，产品自己就会说话。

那如何让包装自己会说话？这就要为消费者提供最基本的信息服务。

华与华三现主义

现场	鹰的眼睛，俯瞰全局	画地图，城市—街道—商圈—门店
现物	兔子的眼睛，观察细节	拉清单，点检摸排统计物料、产品
现实	树的眼睛，记录事实	时间轴，年/月/周/天里发生的具体的事情

想为消费者提供最基本的信息服务，首先要理解华与华方法三现主义：现场、现物、现实，这可是非常重要的工作思想。

现场是什么？就是地图。做任何事首先你得到现场，因为一切答案都在现场，现场有神灵。到了现场，你要用鹰的眼睛，眼观六路、耳听八方，要一下子能够看到整个环境。

现物，就是现在在现场的东西。而现物就要求我们用兔子的眼睛，蹲下来看，才能看到细节，并触摸现场每一个现物，对现场的东西有最直观的理解。

现实，就是正在现场发生的事情。所以观察现实的时候，我们要有树木的眼光，树木一直在那里不动，看到这里沧海桑田的变化，而且你还要不间断地记录。

所以在设计包装之前，我们首先要去现场卖货，去到一线观察真实的销售环境——货架现场，记录消费者购买时的每一个动作。就这样，我们白天卖东西，晚上回来做统计，用数字一个一个记录下当天多少人购买我们的产品，多少人经过我们的货架，多少人跟我们产生了互动，然后问了什么有价值的问题。

经过我们在一线卖场连续13天、每天12小时的定点观察与亲身售

消费者提问最多的5个问题统计	
1. 这是什么东西呢？ 指着坚果品种，说明坚果认知度并不高	——83%
2. 里面有什么？ 虽然坚果已经放在试吃盒子里了，大家还是反复问"里面有什么"	——75%
3. 什么钱？	——64%
4. 新鲜吗？	——40%
5. 为什么这么贵？	——9%

▲ 洽洽项目组连续七天在一线蹲守观察并售卖

卖，我们发现消费者的问题其实非常简单，应该说是极其朴素的，他们最多问到的三个问题是什么呢？①这个是什么东西？②这里面有什么？③新鲜吗？我想大家在购买薯片的时候不会去问新鲜吗，但消费者特别在意这个坚果是不是新鲜的，包括他买的时候会说你给我拿一个保质期最新的坚果。

如果你也尝试这样去做过，你一定会有很深的感触。因为当你坐在电脑前头脑风暴，以为自己想到了很好的创意或者卖点去跟消费者沟通时，却发现人家连你是卖什么的都不知道！这是很现实的问题，也同样很客观。所以想要让包装自己会说话，就要为消费者提供最精准的信息服务，把他最想知道的问题答案写在你的包装上。

1. 把消费者最想知道的答案直接写在你的包装上

针对以上问题及现状，我们在包装第一面清晰列明了“每一袋含4种坚果+3种果干”的内容物信息，并且附上了充满食欲感的图片和说明，让消费者一看就知道这是卖什么的，里面到底有什么，让消费者不用思考，对号入座。

值得注意的是，这里的图片要用单颗元素，不要用几粒或者一

堆，那样消费者很难看出你在表达什么，理解成本非常高；我们要随时保持降低沟通成本的角度去设计文案及符号，同时最大限度地把有价值感或者符号性强的元素放在前面，因为消费者的阅读时间很短，信息要尽可能地简短、精练，把有价值感的信息放在前面。

2. 做设计，先要去除VI思维

而当消费者经过我们的货架时，要让他第一眼就看到我们的超级符号——红绶带，并把“掌握关键保鲜技术”的品牌口号放到最大，让信息信号足够强，吸引他看到我们的产品。

同时我们把品类信息在包装上方拉大，并把洽洽logo在包装上放大3倍，这样一来，洽洽品牌势能的传播范围就足足扩大了9倍！进而提升的购买转化率更高。

这时就有人问了，我们的VI规范里没有这种用法呀？那就改VI规范。在华与华做设计一定要去除VI组合思维，一切基于三现主义（现场、现物、现实）来设计。每项设计都要放到它所存在的应用环境中去思考，拒绝logo搬家，这也是华与华的设计观。

3. 包装文案怎么写？逻辑是什么？

包装文案要一气呵成，就像坐着滑滑梯，滑到收银机。

包装文案是严肃的，是必须要有巨大销售力的，写之前要先仔细规划消费者的阅读顺序。你可以找个时间去超市观察一下消费者，就会发现他阅读包装文案是很认真的。当消费者拿起一袋洽洽每日坚果包装后先看到什么，后看到什么，怎样被吸引一步步看下去，怎样被吸引看完正面看侧面，然后被打动，把洽洽小黄袋放到他的购物篮里去。

经过长期的终端观察，我们发现消费者拿起洽洽小黄袋时，一定会把这个包装翻来翻去，有些消费者还会下意识看它的配料表。

4. 包装设计没有正背面，只有第一面、第二面和第三面，每一面都是我们的广告位

所以我们这里得到一个重要的收获：包装设计没有正面和背面，而是第一面、第二面和第三面。每一面都是我们的广告位，我们要在所有的面上去设计我们的阅读顺序和信息。因此不要根据包装正反面来规划信息的层级，而是要根据消费者的阅读习惯和使用场景来规划信息。

同时这个阅读顺序的规划，要一气呵成，要让消费者轻松阅读，读你的文案，就像坐上了滑滑梯，一路滑到收银机。

所以围绕“洽洽，掌握关键保鲜技术”，我们提炼出三大关键证据链放在包装第二面。

1）只用100%当季采摘坚果

只用当季坚果，不用陈年坚果，从源头保证新鲜，这是成本也是壁垒。

▲ 洽洽坚果原料产地与采摘时间

2）瑞士工艺精准烘烤，激发酥脆口感

我们不仅要“掌握关键保鲜技术”，还得“掌握关键保鲜设备”。

▲ 普通坚果生产设备与洽洽生产设备对比

3）奶粉级保鲜包装，含氧量<1%

4层保鲜材料，包装保鲜标准超过奶粉。

下面让我们一一拆解洽洽包装的10大机关，为大家彻底讲透洽洽小黄袋包装上的秘密吧！

5. 洽洽包装设计十大机关图解

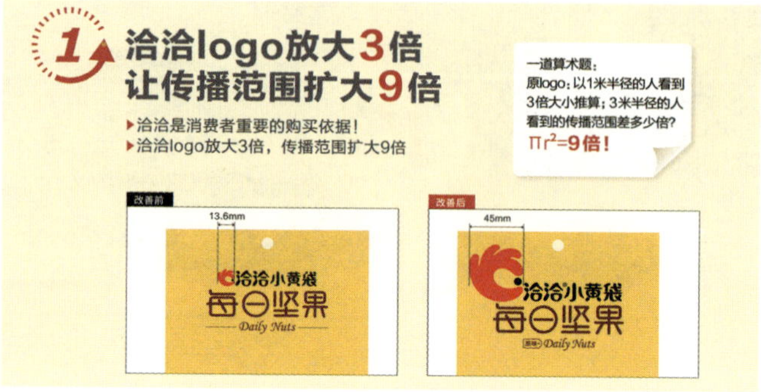

▲ 去VI组合思维，一切基于三现主义

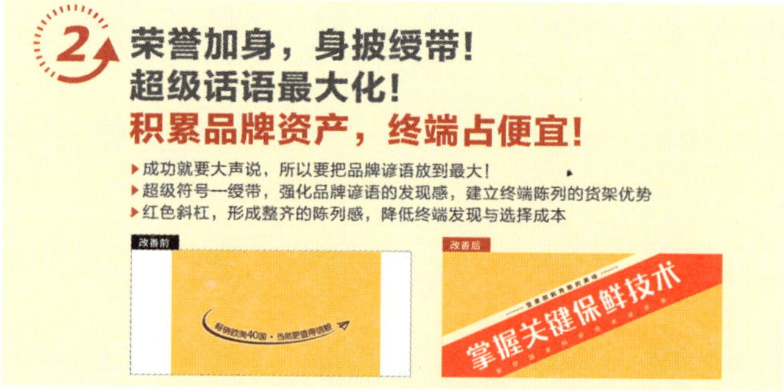

▲ 超级符号与超级口号要最大化

▲ 突出产品购买理由

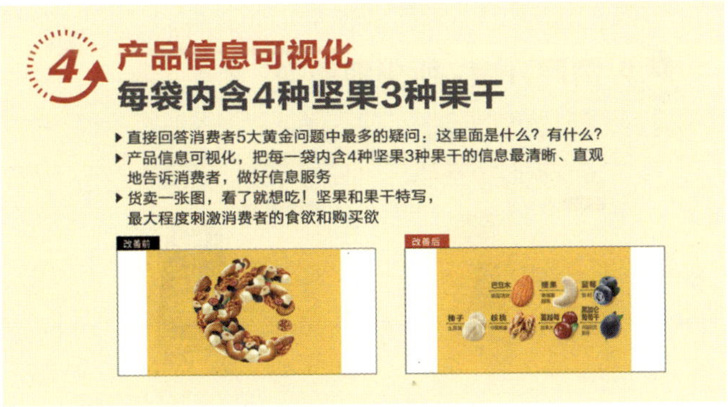

▲　产品信息可视化，提供信息服务

▲　无添加icon，降低心理防线

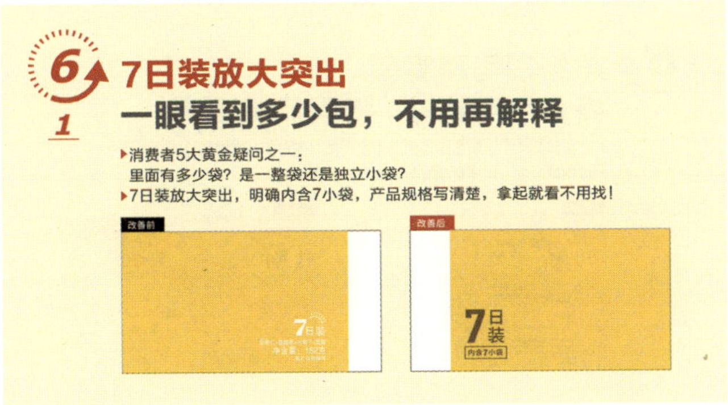

▲　规格信息一目了然，加速购买决策

▲ 侧面开窗，把可视化做到极致

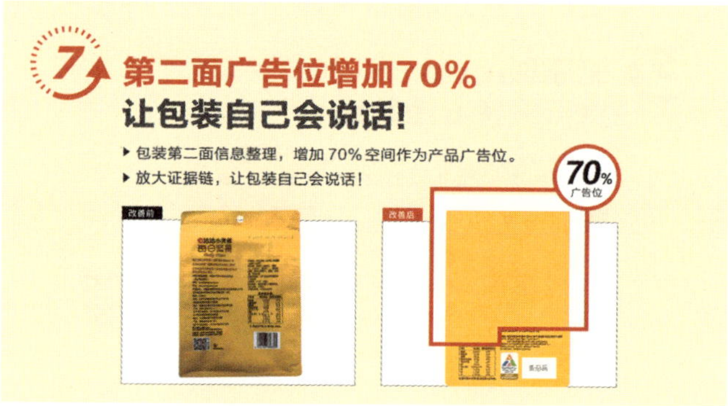

▲ 第二面信息整理，增加70%广告位

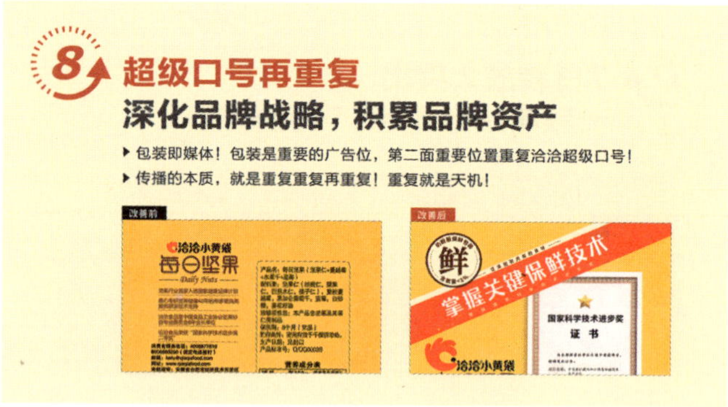

▲ 超级口号再重复

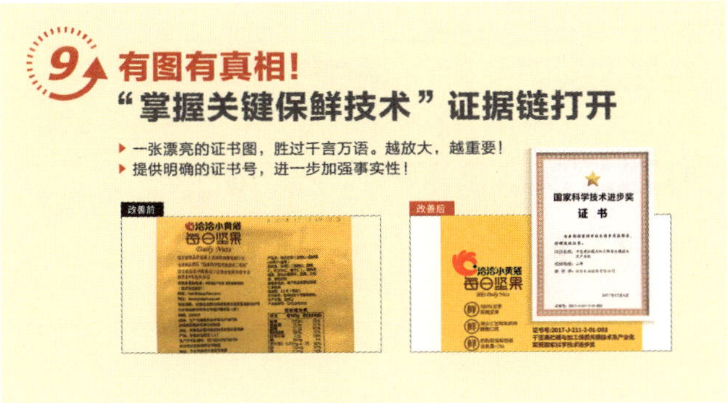

▲ 陈列产品事实，提升信任感

▲ 产品卖点可视化

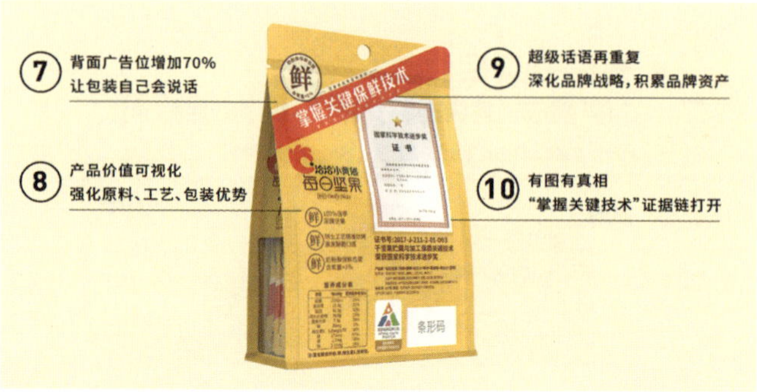

▲ 洽洽小黄袋全新包装设计

▲ 洽洽坚果全新产品家族

洽洽坚果产品家族全面亮相，与小黄袋一起在终端建立起更强大的现场。

现在，小黄袋每日坚果已成为洽洽坚果的拳头产品。同时相继开发出坚果礼、树坚果、风味坚果等一系列坚果类产品矩阵，形成坚果品类的包围圈。并统一在绶带超级符号的赋能下，一举建立洽洽坚果的货架优势，形成品牌资产的储蓄罐，最终在货架上建立起属于洽洽坚果的黄色领地，形成更加强大的现场！

▲ 新包装全面上市，货架实拍图

▲ 新老包装同时陈列，新包装更易吸引消费者拿起并购买

▲ 洽洽小黄袋在批发市场的强大现场

6. 一个符号贯到底！自媒体及全面媒体化

华与华方法在媒体投放上有一个基本观念，叫作“自媒体第一”。我们说的自媒体，不是微博、微信等互联网媒体，而是我们自

▲ 洽洽工厂、企业内部自媒体系统全面落地

▲ 洽洽发布会及行业展会超级符号系统全面应用

己、我们的包装、我们的员工、我们的大楼、我们的车辆、我们自己的一切东西，这是我们的自媒体。要“全面媒体化”，就是要把我们所有的东西变成媒体。

包括2020年华杉老师在洽洽全球品牌战略发布会现场演讲时，身披洽洽包装上的超级符号——红色绶带，也成为洽洽的媒体。

所以，一个好的口号，会让员工引以为豪，外来者欣赏，消费者买单。

洽洽，掌握关键保鲜技术。正是在工作的起点抓住了行业的战略重心与决胜点，才让洽洽从企业战略、产品开发、包装设计、广告创意、终端推广这一系列环节一次做全，一次做对，也让它在2020年的坚果混战中一战而定，拿下第一。

我们常说最高的效率是不返工，最快的进步是不退步，让企业少走弯路，正是我们华与华的经营使命。

第四章

洽洽小黄袋包装打样跟色记

产品调色也是机关！为了让包装设计的货架优势更明显，设计师团队亲自来到工厂调色。

包装设计出来之后，在调色上也有机关！想不到吧，洽洽小黄袋以前也是这个黄色，为什么就没这么亮呢？因为华与华的设计师不是发了文件就算了，而是亲自到包装厂，在生产线上和印刷工人一起调颜色。这就是凡事彻底，成功不是做不平凡的事，而是把平凡的事做彻底，做到不平凡，这样才能大获全胜。

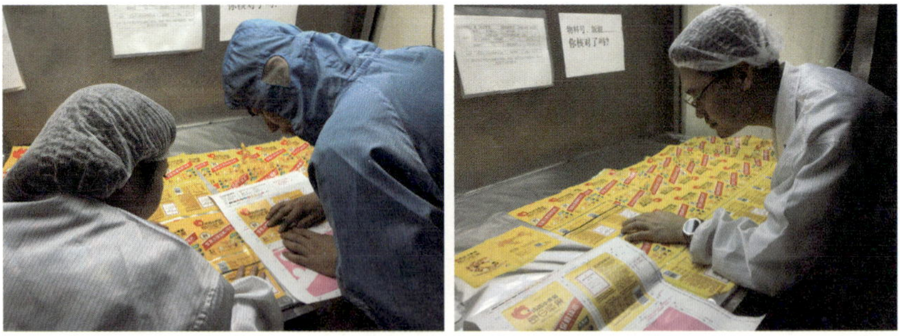

▲ 华与华设计师李江海、林微到工厂现场调色

一、凡事彻底，知行合一，说起来容易，做起来难

华与华人做事情，有一个非常重要的理解，就是要“凡事彻底，知行合一”。什么意思呢？

“凡事彻底”一词源自儒家思想讲日用常行，就是把最平凡的事情做到不平凡；在最寻常的事情上做到最彻底，付出最不寻常的努力。这是华与华做事很重要的思想与精神。

二、包装打样及跟色才是完成工作的最后一步

所以当洽洽小黄袋全新包装设计结束后，从客户角度来说，我们的工作已经顺利完成，但对华与华来说并没有，因为后面还有非常重要的一步，就是包装印刷和制作。

要知道无论你设计稿上的图案如何精美，最终呈现在消费者面前的是包装实物。所以对出品质量的把控是很重要的，我们必须让新产品包装的“买家秀”和“卖家秀”一样完美。因此我们决定要主动把包装印刷做彻底，于是亲自到印刷车间，一一把控印刷过程中的每一个环节。一待就是十几小时，和工人一起在生产线上反复修正颜色，死抠每个细节。

2019年5月27日至6月1日，华与华洽洽项目组设计师李江海、林微三次从上海奔赴500公里外的包装印刷工厂，先后对包装的制版样、包装颜色、材质质感等进行了详细核对直至最终确认。

三、三次赶赴印厂，解决印刷难题

第一个难题：同样的颜色色值，我们怎样能让它看起来更亮呢？因为增加了0.1的红色

2019年5月27日早晨，我们从上海出发，坐了6小时的高铁到达了目的地。在去印厂前，我们事先与印厂反复沟通确认了制版样，并准备了目前正在销售的小黄袋作为样品；到印厂后，负责印刷的师傅先根据之前的确认样进行调整，等他们认为差不多没问题的时候，会取一段小样让我们确认。

在车间拿到小样，把电子数码样、旧的小黄袋印刷样和这次打样稿小样同时放在校色台上校对的时候，我们就发现了第一个问题：同样色值的颜色，实际打样印刷下来的颜色在视觉上还是有不小的差距，整体颜色偏灰，不够明亮。为了保证包装上颜色的绝对准确，我们决定对包装上的颜色一一进行核对。

首先，我们要解决包装上占最大面积的黄色和绶带的红色，可是与负责人员屡次沟通反复调试后，却始终达不到我们满意的色彩，最后我们尝试在黄色里面增加了一点点的红色来提高亮度，果不其然，这次打样出来的小样与理想状态比较接近。之后就慢慢地逐次增加0.1的红色并一点一点地调整，最终在校色台上看到了最满意的颜色。同时考虑到车间校色台光线的问题，我们把在校色台上确认的小样又拿到了室外，在办公室等与销售场景一致的环境里进行了再次确认，最终经过各方面的综合考虑，确认了包装的大面积黄色和绶带的红色。

▲ 洽洽包装进行反复的颜色校正

第二个难题：怎样让不同色系颜色的坚果看起来一样有食欲感呢

包装坚果可视化部分的印刷是我们这次小黄袋包装印刷最头疼的问题。可视化区域有4种坚果与3种果干，里面包含了很多种颜色，冷色调和暖色调的坚果穿插排列在一起，再加上平时我们使用的是CMYK四色版，而这次印刷使用的是8色机器，每一种颜色对应一块色板，所以每当调整其中一种颜色时，其他颜色就会跟着变化。

就比如说，我们发现巴旦木灰了，想提高它的饱和度时就要加入一点红色，但相对应蓝莓上的红色也会同时增加，这就导致当巴旦木颜色满意时，蓝莓颜色又偏紫，因此很难去平衡所有坚果的颜色色调。

所以经过反复调试依然达不到要求时，我们当即决定要重新制版，通过更改色版孔的密度和大小，控制它的吸墨程度。3天后，色板重新调整好，我们再次去到印厂，通过几次调整后，很快就达到了我们的要求，每一个坚果和果干都最大限度地展现出了食欲感。

就是这样，在印刷车间经过十几个小时的反复调整，我们彻底完成了对1日装的全部调整。因为洽洽包装的产能需求较大，所以1日装和7日装的包装制作分别安排在了两家工厂。为了保证全国包装颜色的一致性，我们又带着1日装确认稿前往温州印厂再次进行了跟色与调整，确保了所有包装颜色的一致性。正是对印刷过程每一个环节的凡事彻底，才最终让我们的包装出街实物比效果图还好看。

凡事彻底，知行合一，这是华与华的工作态度。

华与华包装设计方法与洽洽

一、重新认识与理解包装设计

商品即信息，包装即媒体，包装是品牌最大的自媒体。

很多企业往往会忽视包装的重要性，俗话说得好："货卖一张皮"，包装是快消品企业最大的自媒体。我们用洽洽给大家举个例子：洽洽每年要生产并销售数十亿袋产品，而这数十亿袋产品包装就是数十亿个免费的广告位。想象一下，你投资户外广告、电梯广告才能覆盖多少人，能有幸再看你广告一眼的又剩下多少？而我们的包装是能够完完全全和消费者100%触达的！

对于快消品行业，包装设计是品牌营销的战略重心与决胜点。一切围绕包装设计展开，则事半功倍；如果缺乏对包装设计的理解，甚至完全是"设计文盲"，做的设计根本与销售成效无关，那就完全没有发力点了。因此包装的媒体功能，比任何电视或平面媒体都强大，也是快消品牌广告创新的关键动作。因此商品即信息、包装即媒体，一个好的包装设计，胜过1亿广告费。

二、华与华包装设计的四个原则

1. 货架思维：包装设计首先要获得陈列优势（在纷乱的货架中，你要能跳出来）

一切工作都基于三现两原主义——现场、现物、现实，原理、原则。到现场去，看到现物，记录现实，找到原理，制定原则，坚持原则。

包装的现场，是销售现场；销售现场，就是货架；包装设计的最终目的是把产品从货架上卖出去，华与华称之为“货架思维”。

一切创意要货架导向，把产品出现的一切场合都视为货架，这就是货架思维；货架是产品陈列的地方、购买发生的现场。

而包装在琳琅满目的货架上，要能被发现，被拿起，或者在网页上被点击，能迅速打动消费者，比如3秒钟打动他，让他找到购买理由，然后放入购物车，被购买。这就是从获得陈列优势到购买理由设计，让包装自己会说话，放上货架就开卖，自己把自己卖出去。

2. 包装设计是购买理由设计，是销售的战略工具

包装文案要层次清晰、次序清楚，就会有巨大的销售力。就像洽洽小黄袋每日坚果的包装设计一样，要规划购物者的阅读顺序。如果你去超市观察购物者，就会发现他阅读包装文案是很认真的。他拿起包装后，先读到什么，后读到什么，怎么吸引他一步步读下去，怎么吸引他从包装的第一面读到第二面、第三面……所以设计好阅读时间

和次序，让购物者方便快速阅读，阅读的快感就像坐滑滑梯一样，一路滑到收银机。这个说法，和主题公园的设计思路倒是一致的，一个项目玩下来，情绪最高涨最愉悦的时候，就到达纪念品商店，收银员的收银机都准备好了。

3. 包装设计是产品再开发

设计包装，你必须假设一分钱广告也没有，更不可能有导购员，把这包装扔到渠道上去，它就有本事自己找到消费者。

商品即信息，包装才是产品的本质。所以，包装设计，往往是一个产品再开发的工作，用包装设计来定义产品，用包装设计给产品赋能。

4. 包装是品牌最大媒体（为消费者提供最基本的信息服务）

包装是品牌最大的媒体，是不用额外花钱支付媒介购买费用的媒体。要把包装设计当成广告设计，不仅是产品广告，也是品牌广告，为品牌积累品牌资产。

所以包装的现场，是销售现场；销售现场，就是货架；包装设计的最终目的是把产品从货架上卖出去，那么首先就要获得陈列优势，在纷乱的货架中，你要能跳出来。

以上四条，是华与华方法包装设计的四个原则。

老娘舅

华与华超级符号案例点评语

华　杉

华与华营销咨询有限公司创始人

第一，我们要注重定心的价值。《大学》里讲“知止而有定，定而后能静，静而后能安，安而后能虑，虑而后能有所得”。我们做营销咨询很大程度上其实是在做心理咨询，因为需要解决的往往都是企业家的战略焦虑问题。第一个“止”叫止于至善，第二个“定”叫作志有定向。老娘舅董事长的志向很明确，就是要做好一个“米饭类快餐”。所以“米饭要讲究，就吃老娘舅”的品牌谚语就起到了止于至善、志有定向的作用。

第二，我们要培养货架思维。形象是给顾客看的。餐厅的招牌要一看就像一个餐厅，所以老娘舅借用了“碗”这个餐饮的符号。但是很多人会觉得没创意，这就是不懂设计，因为你的设计没有目的。

第三，是关于美的问题。有的人会说老娘舅的设计不够美，其实老娘舅的设计就是最美的设计。这个“舅”字的设计真正做到了管用100年。

老娘舅

打造一个“大道至简”的品牌信号系统

一个企业能走到今天，总是因为它做对了一些事。但是往往学多了、想多了之后，反而走歪了，把好的东西放弃了，走了很多弯路。

华与华的经营使命是让企业少走弯路。因为最高的效率是不返工，最快的进步是不退步。很多企业就是因为贪巧求速，总认为还有什么妙招，然后东搞西搞，最后把自己搞迷路了。

老娘舅的“舅”字标不是华与华原创的，而是华与华“捡”回来的，在老娘舅的一堆注册文件里“寻宝”出来的。企业寻宝是华与华开展创意活动首先要做的，回到企业当年拐弯的那个点重新出发，走一条直道，一以贯之走彻底。我们帮好多企业恢复了20年前的做法，然后把这个20年前的做法再进行升级加强，而不是一味地求新求变。

第一章

“捡”回来的超级符号

我们在对老娘舅进行企业寻宝时发现，老娘舅过去用过很多标志，每过一个阶段就有一个新的标志。除此之外，他们还有很多之前注册过但是没有使用过的标志。在所有使用和注册过的商标中，我们就发现了这个被灰尘覆盖却熠熠生辉的超级符号。真是“踏破铁鞋无觅处，得来全不费工夫”。

为什么我们一眼就认定这就是老娘舅的超级符号呢？这个符号超级在哪儿？其实老娘舅的超级符号是真正“大道至简”的一个设计。如果你问大道至简知不知道，所有人都说知道，问大家同不同意，没有人会不同意，但是当你做出大道至简的设计的时候，人们又都不同意了。这就是不能知行合一。不能知行合一的原因是什么呢？因为大道至深啊！因为看不懂，深不可测。听不懂这个道理的时候，就会出现“上士闻道，勤而行之；中士闻道，若存若亡；下士闻道，大笑之，不笑不足以为道”的情况。

有人会说，这个平淡无奇的符号有什么好呢？超级在哪儿呢？

平淡无奇就对了，平淡无奇其实是在说：这东西我见过，我熟悉。而超级符号的本质就是两个字：熟悉，就是人人都认识、人人都熟悉。如果需要加个前缀，那就是“超级熟悉”。超级品牌的本质其实就是超级熟悉。外行看热闹，内行看门道。我们来说说这背后有什么门道。

▲ 老娘舅的标志演变

第一，超级在超级熟悉，有文化母体。

“舅舅”是一个亲人的称呼，是一个非常稀缺的超级流量词语，是熟悉得不能再熟悉的一个词语。更难能可贵的是，它是中国人经常挂在嘴边的“超级声音符号”。看到这个“舅”字，你会跟它对话！你念一遍，就相当于叫了一声！全中国的人每喊一声“舅舅”或者听到一声“舅舅”，你就能天然联想到这个品牌，它能够把消费者记忆、认知自发地卷入进来、参与进来。中国人叫“舅舅”就是一个超级文化母体，我们的“舅”字超级符号就寄生在这一个母体上，汲取了这一个母体的全部能量。

第二，超级在超级好用，是更小的记忆碎片。

“舅”字超级符号是比“老娘舅”的品牌名三个字更小的传播单位、更小的记忆碎片。“舅”字，就像麦当劳的M一样，是一个最简单的文字符号。在应用时，可以放得更大，也可以缩得更小，更方便大规模无处不在地使用。

第三，超级在它很独特地传递了行业属性。

一个“舅”字加了一个碗的轮廓，这是被人诟病最多的地方。其实这样做的根本目的在于传递老娘舅餐饮行业的属性，让人一看就知道这是一个跟吃有关的品牌，就像中国的银行业都会用“铜钱”这个符号，制药行业喜欢用胶囊、苯环等符号。其实一个餐厅的超级符号设计首先不是为了区分同行，而是在同行之中。要让人知道你是跟吃的有关的，而不会跟边上的银行、服装店搞混淆。其次是这个符号有独特性，有特别的存在感。一个“舅”字，在一个碗里，舅和碗都很熟悉，结合在一起就很独特，我们叫旧旧得新，创造一种熟悉的陌生感。

第四，超级在是全国性品牌符号。

“老娘舅”这个品牌名本身就是一种称谓，娘舅在江浙一带一直以来被当作“公信人物”，家中出现分歧或矛盾，也会由娘舅来主持公道，即“娘舅来了断”，具有很强的亲切感和正义感。它在江浙一带是大家非常熟悉的符号，但是离开江浙的语境，放到全国范围大家就没那么熟悉，就不够超级了。而“舅”字则是大江南北都通用，是人人都认识、人人都熟悉的全中国的文化符号。

正因为“舅”字标的超级符号是大家熟悉的、是与消费者有互动的、是有餐饮属性的、是全国性的，它的信号刺激能量才是巨大的。看到这样一个符号，消费者的刺激反射是最大的。在应用的时候，这个符号是可以单独放大使用，没有固定的“标志组合”的，服务于最终目的，就是对消费购买行为的刺激反射。

此外，我们来说一说字体设计。老娘舅的品牌愿景是做中国米饭类快餐第一品牌。老娘舅原来的字体设计风格性太强，是一种比较小众的设计，缺乏规模感。我们设计的出发点是做出一个大众的、大气的、经典的、经得起时间考验、永不过时的设计。我们设计了横平竖直、非常端正大气的一个“舅”字和一个典型的、没有任何歧义的碗。我们叫“大众品牌、大国市场、大美设计”。

第二章

品牌谚语为品牌插上飞翔的翅膀

品牌谚语是品牌发展的另一只翅膀。品牌谚语就是品牌口号的理想形态：口耳相传，穿越时空，成为人们生活的一部分。品牌谚语不是我说一句话给消费者听，而是设计一句话让消费者去说给别人听。所以它最好是一句朗朗上口的俗语套话，要尽量押韵，创造语感，从而突破消费者的心理防线。

老娘舅的品牌谚语是什么？让我们再次开启企业寻宝之旅，翻开老娘舅“品牌口号”的历史，看看其中有没有具备“品牌谚语”潜质的口号。老娘舅之前用过很多口号，从“健康”“讲究”“领导品

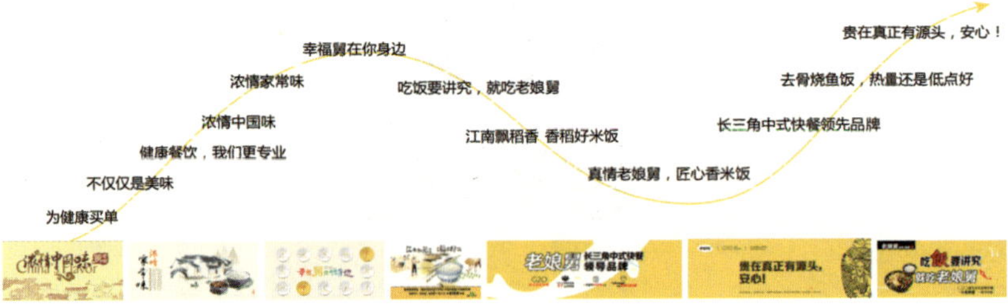

▲ 老娘舅曾用口号一览

牌”到“好原料”，尝试过非常多且更换频繁。在所有的广告语中真有一句让我们眼前一亮。那就是“吃饭要讲究，就吃老娘舅”，只可惜，他们用了两年就丢掉了。

为什么是这句话？品牌谚语的判断标准简单地说就是两个字：流传。

能够流传的话，通常是听觉的、口语的，不是书面语的；

能够流传的话，通常是具象的、有画面感的；

能够流传的话，通常是陈述句或者祈使句。

“吃饭要讲究，就吃老娘舅”就是这样的一句品牌谚语。

这句话其实已经非常好了，但是还可以更好。我们改了一个字，把“吃饭”改成“米饭”，变成了“米饭要讲究，就吃老娘舅”，虽然只有一字之差，但是意思已经大不一样了。

米饭要讲究
就吃老娘舅

更强的信任感

“吃饭”这个词有歧义，有代表“用餐”的意思。快餐再讲究也讲究不过正餐。如此一来，就让消费者产生了警惕，信任感大打折扣。改为“米饭要讲究，就吃老娘舅”就会理直气壮，同时也是消费者的共同认知。

更明确的品类指向

我们经常会遇到这样的场景，今天中午是吃面条还是米饭？好的口号要凸显米饭类快餐的品类属性，占据一个有利的位置；对目标消费群体发出明确的信号，让他能立马对号入座，刺激能量是非常强而精确的：想吃一碗好饭，就去老娘舅！

更明确的战略指向

传递“做米饭类快餐第一品牌”的战略，口号即战略。更重要的是，这也是老娘舅企业下大功夫解决的根本问题，是企业底气十足、引以为傲的地方，老娘舅人最得意的就是这一碗香稻好米饭。他们死磕一碗米饭十多年，每个环节都大有讲究：米种特地选用不杂交、不转基因的江南原生小粒米，虽然产量较低、种植时间长，但软糯香黏、味道更好；精心挑选老娘舅大米专供基地，最终选择了新中国成立初期三大开荒军队之一转编的苏垦集团淮海农场，这是国内现存唯一一家集体化作业农场，而非农户式散种，从而在源头控制大米的生产，保证科学管理可追溯，并且基地毗邻丹顶鹤自然保护区，原生态无污染，目前老娘舅大米专供基地已达到占地2.7万余亩；老娘舅还自主研发出一款专利蒸饭设备，模拟大锅饭三厘米木蒸盖的微压焖饭，做出的米饭粒粒饱满，香糯Q弹。

有了这样的讲究精神和企业禀赋，才敢说出“米饭要讲究，就吃老娘舅”。同时，口号就是战略、口号就是口碑、口号就是行动，“米饭要讲究，就吃老娘舅”推动老娘舅将米饭作为企业发展战略的重要支点，也为顾客规划好了品牌传播口碑。

有人会说，原来核心的创意都不是华与华的原创啊，这也太容易了吧。其实不然，看似最简单，其实是最难。

首先，我们要明确，为客户服务，根本目的是服务于客户价值，也就是它的生意。而不是满足自己的私心，为了得到一个创意，甚至是用这个创意去什么地方拿个什么奖。

敢于去“企业寻宝”，敢于把好的创意重新拾起来卖给客户，有时候比做一个新创意更难！这既需要价值观、需要专业，还需要点儿运气。

首先难在价值观，华与华的核心价值观是“不骗人、不贪心、不夸大”。

不骗人，要求我们不能“明知有利而不用”，要实事求是。不贪心，要求我们不能为了满足自己“建功立业”的私心，硬要推翻企业以前好的做法。不夸大，要求我们做了多少就是多少，不夸大自己的贡献。《论语》中孔子问颜回的志向，颜回说“愿无伐善，无施劳”，也就是不夸耀自己的善，也不突出自己的功劳。

其次是难在专业。这是真正专业的活儿，一点都不容易。咨询公司在专业方面有双重价值：方案的价值和判断的价值。

有一个成语叫“房谋杜断”。唐太宗有两个宰相，一个叫房玄龄，善于谋略、出方案；一个叫杜如晦，善于判断、决断。其实创意相对还是容易的，老娘舅企业自身就不乏好创意。千难万难，判断最难。我们之所以叫“设计师”“咨询师”，都是师字辈的，就是你是专业的，你敢于自己判断、自己来承担风险，而不是设计一大堆方案，让客户去挑选、去判断。这样既失去了自己的尊严，也无法赢得客户的尊重。

最后，你还要敢于赌上一点运气，接受适当的风险，这样做，很多老板是不会买单的。如果真的不认，你得接受失败，承担损失。幸好老娘舅的老板是有判断力、决断力和意志力的老板。老娘舅的成功最应该感谢的是创始人杨国民先生的英明决策和坚决执行。否则，换一个老板，看你干活那么“容易”，外面还那么大反对声浪，早就动摇了。我们也有过一些客户，要他恢复创业时代的做法，老板也不吭声，最后合作不了了之。后来我们才知道，他对我们十分不满，说我们把他玩剩下的捡起来卖给他。真是我们冤枉，他也冤枉！

▲ 老娘舅大米专供基地实拍图

第三章

掌握关键放大技术，释放超级威力

有了超级符号、品牌谚语只是个开始，如果没有正确运用的话，一切都是白费的。超级符号、超级话语的应用载体首先要考虑的就是门店招牌的设计。招牌的本质是包装，包装的本质是媒体，因为招牌就是一个餐饮品牌最大的“广告位”，就是老娘舅的CCTV，是消费者认知这个品牌最大的接触点，一个招牌往往就体现了一个品牌全部的战略。

招牌的核心设计理念叫 “货架思维”。就是把一切商品信息出现的地方都看作货架。不仅超市里摆的是货架，网页也是货架，商品或者品牌的信息和消费者发生沟通的地方都是货架。而对一个门店来说，街道即货架，店头就是陈列在街道上的产品包装，街道上所有的门店都在向路过的消费者打招呼，而消费者的注意力永远是有限的，老娘舅的招牌设计就是要和街道上的一切信息竞争，提高“路过—注目”的转化率，注目之后是驻足，驻足之后是进店，进店之后是消费，消费之后是传播，一步步提高流量转化。

货架思维的本质就是两个字：竞争，如果需要加个前缀就是“信息竞争”。我们与别的招牌的竞争无处不在。我们来看一看老娘舅市场上存在的五代店。比如下图这个是老娘舅湖州时代广场店，非常典型。我们可以看到这个店就在肯德基和必胜客隔壁，但是非常没有存在感。这些成熟的品牌深谙招牌设计之道，我们的招牌非常吃亏，吃亏就吃亏在两个字：太小！怎么办？不思而得，也是两个字：放大！放大背后的传播学原理是“刺激反射原理”，刺激信号的能量要强，能量越强则反射越大。

▲ 湖州时代广场店，改造后营业额增长100%

如何加强刺激信号能量呢？超级符号运用的三大放大技术：大、多、亮。

一要大：把信号本身的能量发挥到最大，招牌排面要大、字体要粗大，大就是召唤；

二要多：重复，不断重复，重复就是力量和自信；

三要亮：招牌要亮、要醒目，才能在街道货架中凸显出来。

我们不仅把“舅”字标和“老娘舅”放得大、放得多、放得发光发亮，而且采用了更加醒目的黄黑对比色。在招牌下方还设计了一条黄灯带，不仅增强了招牌的边界感和专属感，更能把路过人的目光抓过来，获得视觉优势。

我们再说回品牌谚语。有了这句话，如果没有广而告之，这句话基本上就是一句废话，是不会发生作用的。品牌谚语最大的媒体其实也是招牌。

品牌谚语上店招。把“米饭要讲究，就吃老娘舅”放在招牌上。超级符号决定你看见什么，品牌谚语告诉你老娘舅是什么、到老娘舅能吃什么、为什么来吃，刺激你进店消费。

注意，这是一个有决定性价值的动作。比如汉庭酒店最重要的动作就是顶招工程，把“爱干净，住汉庭”放在汉庭顶招上，600块“爱干净，住汉庭”顶招，相当于600块广告位，每天从早到晚都在给消费者发信号。

老娘舅300多家门店，就是300块广告牌每天在向来来往往的路人统一发射“米饭要讲究，就吃老娘舅”的信号。

改造后的成果如何呢？湖州东街店营业额同比增长41%；杭州火车东站店改造后一个月营业额同比增长50%，时代广场店同比增长100%。这些不是个别现象，已翻新的241家门店，翻新后月营业额同比2018年平均增长23%，老娘舅2019年销售额同比提升19.8%！

更有价值的是，老娘舅2019年净利润增长122%，做餐饮的都知道，销售额增长还算容易，利润率翻倍其实非常难的。

▲ 杭州火车东站店改造后营业额增长50%

第四章

超级海报及超级菜单，机关算尽

招牌是与消费者沟通的第一步，也是最重要的一步，但不是全部。通过海报提高路过门店的消费者的进店率，进店后通过菜单设计提高点菜效率和店员的服务效率，用餐时通过店内海报提升消费者体验。

▲ 符号及话语确定之前店外改善前后对比

▲ 符号及话语确定之后店外改善前后对比

华与华与老娘舅合作开始的第一个季度，在超级符号和品牌谚语等核心创意确定之前，就为老娘舅做了一个单店的持续改善创意，改善后效果立竿见影，单店营业额环比增长29.4%。老娘舅老板当场照单全收，并且动员公司马上全面执行。

通过这次改善，形成了五大持续改善常规物料，步步机关算尽，提高消费者的购买转化率。

1. 店外：超级海报，放大购买理由提供购买指南

店外改善物料1：“五个放大”，设计产品海报

消费者已经远远地看到了招牌，靠近了门店，这时想要及时吸引

▲ 海报一：引流产品——鱼香肉丝

▲ 海报二：销量TOP3产品

消费者走到店里，就要提高产品能见度，提供更多购买理由。最直接的方法就是“菜单摆出来，顾客走进来”，通过“五个放大”——放大产品图片、放大产品名字、放大产品价格、放大产品购买理由、放大选择逻辑，降低消费者决策成本，加快决策速度。

店外改善物料2：旋转射灯，吸引消费者注意

老娘舅店外人流量较大，尤其是晚上，带品牌名及品类属性的射灯能够吸引消费者进店。

2. 店内：超级菜单，引导使用体验，打造品牌道场

消费者进店后，开始观察、询问、购买，我们要做的就是进一步提供信息服务，提高购买效率。同时让消费者选择他喜欢的以及我们希望他选择的产品，提高拳头产品、高利润产品的销售占比。

店内改善物料1：七大改善要点，重新设计菜单

菜单是最好的消费地图和购买指南。我们要通过菜单让产品自己把自己卖出去。于是我们观察并统计了消费者最常问到的问题，研究了各大快餐品牌的现有分类及逻辑，重新分类，重新做了整个菜单。

1）强化招牌产品、畅销产品的位势。招牌产品单独占一个画面，菜品放大就好卖；招牌产品放中间，价值呈现最大化，同时也是让消费者选择他喜欢的以及我们希望他选择的，提高拳头产品的销售占比。

2）放大产品名、价格及优惠信息，降低消费者的决策成本，减少问询次数，提高点单效率。

3）增加产品购买理由icon。消费者在店内是信息的搜寻者，icon越多，消费者决策效率就越高。

4）突出当季销量较好、毛利高的汤品，提高客单价及毛利率。

5）价值显性化，传递套餐中有丰富构成的信息，凸显小菜的价值。

6）将隐藏服务（如菜品可互换）等信息说出来，提供决策信息服务，增强消费者的购买信心。

7）最后我们给每个套餐都编了号，顾客可以按号点餐，提高点单效率。

店内改善物料2：点餐台四大物料组合，进一步提高购买决策效率

1）点餐台桌面菜单：电子屏菜单是抬头点餐，桌面菜单是低头点餐，针对不同消费者的点餐习惯，提供信息获取便利方式；

2）点餐台立式菜单，提供低头点餐的同时增加店内热销氛围；

3）点餐台POP，强化推荐招牌饮品；

4）点餐台海报，强化拳头产品及话语，同时增加热销氛围。

▲ 店内改善前后对比

店内改善物料3：老娘舅米饭讲究系列海报

门店是品牌的道场，门店要发挥的不仅是销售功能，还要传递品牌价值。当消费者进店后，就有了更多的沟通时间和机会，需要提供更多的价值证据链和使用体验。我们将“舅舅家米饭好吃的秘密”及“老娘舅大米四大讲究”海报在店内多点呈现，一方面“信息就是信心”，好东西就要大声喊出来让消费者感知到；另一方面“信息产生信任”，这些信息消费者了解得越多，对你的产品越熟悉，产生的信任度就越高。

第五章

打造老娘舅超级IP，让品牌年轻起来

超级符号、品牌谚语、超级招牌、超级海报、超级菜单是餐饮品牌最常规的经典动作。除此之外，为了让老娘舅品牌年轻化、生动化地与消费者进行沟通，我们为老娘舅创作出了一个品牌超级角色形象，让这个超级IP形象成为老娘舅新的品牌资产，在更多场合更丰富、更立体地与消费者建立连接，传递更丰富的品牌价值。

老娘舅其实有过品牌角色形象，前期是老人头形象，后期是个米粒人形象，但是都不够超级，没有火起来。有品牌角色形象还不够，

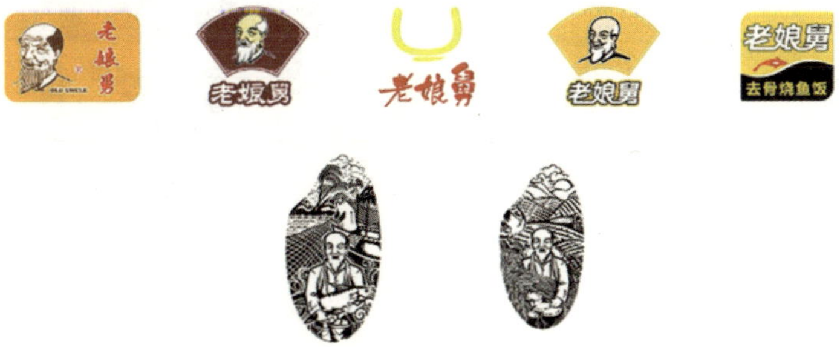

要真正够超级才有用！老娘舅的超级角色形象应该长什么样？

西式快餐品牌有一个叔叔、一个爷爷，叔叔是麦当劳叔叔，爷爷是肯德基爷爷。大家说中式快餐的老娘舅的角色应该是什么呢？不思而得，就是舅舅。这个舅舅的形象要具备什么特点才够超级呢？老娘舅角色形象创意的三大要求：

（1）鲜明的人设。角色形象的本质是拟人化的一种表达，要有身份明确、个性鲜明的人设。麦当劳是以小丑为原型的搞笑的叔叔，大白是一个温暖的健康护工充气机器人，小黄人是坏坏贱贱的香蕉人。有了人设，就有了灵魂。

（2）独特的外形。整体形象要非常独特，要有异常，吸引人的注意，并且能够描述。有了外形，就有了画面感。比如大嘴猴的嘴、大白胖胖的身体、米老鼠的耳朵、皮卡丘的耳朵。

（3）可爱、有趣。老娘舅的形象还有一个特殊的要求，生动有趣，承担让老娘舅年轻化的重任，要进行卡通化处理。因为只有“萌、可爱”是无害的、没有距离的，会让人没来由地爱上一个陌生人。

基于超级IP的三大创意要求，剩下的就全是笨功夫了。整个创作过程是痛并快乐的，一言难尽。就是上天入地找参考、千方百计改造型，细致打磨色彩、线条等，全是技术活和笨功夫。华与华整个插画团队，整整花了6个月时间，历经几百稿各种方向、造型、技法的尝试，最终创作出了老娘舅的超级品牌角色形象：国民舅舅。

（1）鲜明的人设

老娘舅本人是一个严肃而不失可爱的中年舅舅，同时他又是一个对品质很讲究而又挑剔的老娘舅的厨师。倒竖的眉毛、威严的表情、抱胸的动作，看起来就不好惹。他的口头禅就是：“老讲究了！”

（2）独特的外形

这是一个带着一个倒扣的碗，碗上有“舅”字标的，身体圆钝的外形。整个脸部占了三分之二的比例。

（3）可爱、有趣

圆墩墩的身体自带可爱属性，与酷酷的表情形成对比，造成强烈的反差萌。

“老舅”IP形象提案的时候还有个小插曲。刚讲完提报，老娘舅创始人杨国民先生的儿子小杨总突然说：等一下！然后从办公室里拿出来一个相框，说：这不就是我年轻时候的老爸吗？我们一看，果真是像……真是太有缘分了，一不小心，我们把老娘舅董事长本尊画了出来。这也许就是天意吧！

品牌角色形象创作也一样要以终为始，在创作之前就考虑到如何应用、在哪里应用，尽可能在最多的消费者接触点上进行应用，生动化地与消费者进行沟通。只有与消费者有大规模的见面机会，这个角色形象才能活起来。

1. 门店是第一应用现场

门店是不花钱的自有媒体，充分利用门店平台，从消费者每一个接触点设计物料，通过人们在社交媒体上的互动扩大分享，带来更高的传播度。

2. 外卖包装盒、外卖箱、团餐纸箱

3. 平面广告及物料

4. 微信表情包

5. 日常用品：水杯、饭盒、U盘、帆布袋、手机壳、手办玩偶

6. 人偶应用

老娘舅人偶制作花了大价钱，请的是日本有“吉祥物服装界的凯迪拉克”之称、也是熊本熊人偶制造商的KIGURUMI.BIZ公司。作为老娘舅的代言人，他平时不仅要向大伙儿介绍老娘舅严选食材的过程，还要定期下厂对食材进行抽查质检、举行老娘舅大学学员入学及毕业仪式、主持老娘舅集体婚礼……公务非常繁忙。

以上是华与华为老娘舅在品牌、营销方面做的核心创意。纵观老娘舅的经营，我们发现，老娘舅其实不缺好创意，缺的是坚定持续使用一个好创意的决心和定力。华与华的经营使命是“让企业少走弯路”。企业最大的弯路往往是企业家不定心的弯路。华与华为老娘舅贡献的最大价值，其实是终止了20年来的焦虑、捋直了20年来的弯路。

很多时候，战略问题、品牌问题往往不是战略、品牌问题，而是经营焦虑问题，经营问题是根本，是哲学问题。在服务老娘舅的过程中，我们发现老娘舅的董事长是一个非常喜欢学习、擅长创新的人。老娘舅最让人引以为傲的那碗米饭的蒸饭车设备、老娘舅独一无二的蒸蛋产品都是创始人亲自研发的。在品牌传播、企业经营方面，创始人也是不遗余力，市面上各种营销理论都学了个遍，请过各种品牌咨询公司、广告公司，其中也不乏好的创意。可20年来，他一直都心不定，总觉得有更好的。

如何为老娘舅定心？除了靠华与华方法，还有就是靠儒家思想。华与华企业文化的底色是儒家思想，“四书”中的《大学》一开篇就讲道：“知止而后有定，定而后能静，静而后能安，安而后能虑，虑而后能得。”这里讲的就是定心的事儿。想定心，就要先知止，就是止于至善。现在很多企业经营和人生道路的问题，就是不知止，不知止，就心不定。心不定，就要焦虑、乱做动作，就要走弯路，何况不定心的弯路是最大的弯路。

华杉说：“超级符号有个特点就是‘唯一性’。”一般的品牌标志是怎么弄都行，是一个多选题，而超级符号是那个原力觉醒的唯一答案，就是找到了那个惟精惟一。华与华在战略、营销方面深厚的理论功底，不骗人、知行合一、至诚无息的企业文化，整个团队勤勉、踏实的工作作风，都帮助老娘舅坚定了信心，下定了决心，让老娘舅在战略和品牌上找到了“止于至善”的那个“至善”，从而让老娘舅走上了品牌的正道和企业发展的快车道。治大国若烹小鲜，就是“少折腾”。《大学》里说“止定静安虑得”，老娘舅到华与华就像到家了一样，不再折腾了。

华与华超级符号方法与老娘舅

华与华的品牌理论体系中，品牌由符号系统、话语体系、产品结构组成，超级符号和品牌谚语就是品牌发展的一双翅膀。

华与华的超级符号方法，不是传统的VIS思维，VIS（Visual Identity System，视觉识别系统）的出发点是识别。而超级符号是

华与华品牌理论体系

Super Signs，也包含Super Symbols，出发点是心理学的刺激反射原理，发出刺激信号，谋求行为反射，甚至激发受众的潜意识，所以，超级符号系统，就是一个品牌的信号系统，包装是一个信号系统，店招是一个信号系统，店堂是一个信号系统，菜单是一个信号系统，每一个信号都要有针对性的设计，不是一个识别系统，搞“标志组合”到处搬家。

华与华方法是基于对传播学和媒介学的重大理解。其中超级符号的底层逻辑就是传播学的理论。华与华是超级符号方法的发源地，超级符号是品牌创建和营销传播的不二方法，因为一切传播都是符号的编码和解码，而超级符号，就是选择信息承载和传播效率高，对消费者行动影响力大的符号来进行编码。发信号的人对符号进行编码，接收者对符号进行解码。用超级符号进行的编码，受众的解码速度最快、效率最高，解码释放出来的信息量最大。这样就能最快速地识别、记忆、行动，同时也能以最快速度、最低成本、最高效率建立品牌。

什么是超级符号？为什么超级符号能发挥这样的作用呢？

超级符号就是那些人人都认识、人人都熟悉、人人都喜爱，并且人人都按照它的指令来行事的符号。超级符号能在一夜之间，让一个新品牌成为消费者的老朋友。超级符号的本质就是占人类文化的便宜，把一个人们本来就认识、本来就熟悉，已经被人类传播、讨论了几百年、几千年的符号，直接拿来为我所用；把我们的品牌寄生在这个超级符号上，就能获得这个超级符号蕴含的全部能量。超级符号的传播速度是光速的，我们找到一个人们头脑中本来就有的超级符号，当你看到它，就相当于在跟它对暗号一样，不用任何解释都会秒懂。

超级符号之所以能发挥这么大能量，是因为它启动了人类的集体潜意识。它像一个引爆集体潜意识的引信，直接引爆了人们头脑中关于某个超级符号的全部记忆和价值。

比如老娘舅的超级符号，就是一个碗的轮廓加上一个“舅”字。碗是大家超级熟悉的，“舅”字是大家超级熟悉的，结合在一起就创造了熟悉的陌生感。既独特，又很熟悉，看一眼就不会忘记。“舅舅”是中国一个亲人的称呼，是最稀缺的超级流量“词语符号”，是中国人经常挂在嘴边的超级“声音符号”。看到这个超级符号，你就会跟它对话，每念一遍品牌名，就相当于叫了一声舅舅！这就是超级符号的微妙之处。

超级符号本质是为了快速沟通的，除了符号本身大家熟悉之外，超级符号还必须满足一个条件，就是它在应用的时候方便被看见、被放大。这个符号要有极强的视觉冲击力。老娘舅的“舅”字是个最小的记忆碎片，相比“老娘舅”三个字更容易被记住、更容易被放大，应用范围更广，无论是放大还是缩小，都可以被明显识别。

立高

华与华超级符号案例
点评语

华　杉

华与华营销咨询有限公司创始人

立高项目是给我们带来获奖理由条数最多的案例。

第一，明确了做B2B生意的一个根本的理念，就是为你的下游客户提供管理服务，对所有企业来说都是这样，由此获得更强的顾客美誉度和品牌溢价的附加值。

第二，解决畅销产品如何能够长销的问题，通过把成功的产品IP化，让它作为一个产品品牌留下来，流水的产品、铁打的产品品牌、铁打的IP。

第三，整个项目团队从仓库开始去建立品牌，再到展位这样彻底地运用，一句话概括叫作“君子无所不用其极”。就是一个平凡的创意能把它用充分了，用到无处不在，它就成为最震撼的大创意。

立　高

用超级符号解决企业并购后品牌整合和露出的难题

今天，在中国有一半以上的烘焙店都在用立高的产品，但很少有人知道立高这个品牌。建立B2B品牌有两个难题：一是品牌露出难；二是品牌溢价难。

B2B品牌往往是通过下游经销商将产品或服务提供给消费者，而无法与消费者直接进行沟通，所以只能默默无闻地做幕后英雄。建立B2B企业品牌的痛点在于如何实现品牌露出，让人注意到自己的品牌；难点在于如何实现高频次的品牌露出，并能够引起客户的强烈注意。

此外，相比普通的消费者市场，B2B企业的受众都非常专业，议价能力低，无法利用信息不对称获得较高的溢价，如果仅仅是售卖产品，最后利润会被杀得比纸还要薄。

引　言

1. 从中国第一支奶油到烘焙全产业链供应商，迈向大烘焙

立高，中国烘焙原辅料供应商，以自主研发中国第一个国产奶油品牌——立高牌奶油为开端，打破外资奶油品牌的垄断，开启了烘焙事业版图。历经20年的发展，逐步拓展到果溶、果馅、巧克力等用于生日蛋糕和西点制作的烘焙全品类业务。

奥昆，中国烘焙业首屈一指的速冻半成品品牌，致力于为烘焙用户提供操作简便的烘焙半成品，包括冷冻面团、冷冻糕点等，为中国速冻半成品的工业化生产起到了推动作用。

美煌（昊道），烘焙酱料供应商，为烘焙用户提供沙拉酱、奶油夹心酱等产品，丰富烘焙食品的口味。

2015年，立高与奥昆、美煌（昊道）两家公司，战略组成立高食品股份有限公司，形成了融烘焙原辅料、冷冻半成品、烘焙酱料为一体的烘焙行业全产业链供应商。

2. 如何用一面大旗统领整个公司

2017年12月，华与华办公室，董事长彭裕辉先生坦诚地说："我需要一面大旗，统领整个公司，让资源不至于倾斜，平衡各分公司投放。"

彭总的困惑源于立高、奥昆、美煌（昊道）整合后，三家公司品牌仍以各自为主体独立运营，都需要单独投入。然而资源是有限的，每个品牌很难得到足够的支持，营销预算要分成三份，难免顾此失彼。

结果就是，3家分公司各自有品牌视觉系统，六大业务也有各自投放的重点，20多个品牌产品的包装设计风格各异。虽然三家公司同时做烘焙店生意，但未能形成合力。

实际上，企业在发展过程中，会遇到通过并购或是战略合作拓展业务领域以获得快速发展的情况。

那么，问题来了：在资源有限的情况下，投资难以聚焦，会耗费巨大的营销成本，同时又难以形成品牌资产，无法建立强势品牌。

接到课题，项目组如履薄冰，因为这不仅涉及三家公司的战略整合、统一，还涉及整合后的企业文化的融合。我们知道很多并购案例最终以失败而收场，就是因为存在企业文化间的差异。

这是一个巨大的挑战！

第一章

思考最终目的：就是降低成本

1. 品牌的本质是降低三个成本

华杉说："我们要学会从成本的角度来看一切企业经营的问题，一切问题都可归结到成本的降低。"品牌的本质是降低三个成本，包括社会监督成本、消费者选择成本、企业营销成本。

第一，降低企业的营销成本。有品牌，消费者会指名购买，我们的营销成本就低了。

第二，降低消费者的选择成本。消费者想买一个东西，不知道哪个好，怎么办呢？认品牌就好了，简单。

第三，降低社会的监督成本。如果品牌企业出了问题，全社会都知道，都能监督，看着它改正。

对，一切以降低成本为出发点。

2. 立高大家族正式亮相

基于品牌三大成本原理，华与华为立高制定了“集团品牌背书的传播策略”，建议投资一个“立高”品牌，降低营销传播成本的同时，建立压倒性的优势，进一步提升行业位势，带动其他品牌发展。

最终，对消费者来说只需记住“立高”，对社会来说有问题就找“立高”，构建了一个立高烘焙王国。

立高logo更新

华与华工作法：企业寻宝。即在做每一项工作的时候，首先想到的不是创造一个新的，而是去企业寻宝，一切以能否形成资产、保护资产、增值资产为标准。

做任何一件事、一个创意、一个设计、一个活动，都要问自己：能不能形成资产、能不能保护资产、能不能增值资产，能，就坚决投资重复！这就是我们的品牌资产观。

在高层访谈中，我们了解到“立高斜标和双蓝色”的logo标志在烘焙店和经销商中具有极高的品牌辨识度，已经成为立高的品牌资产，那么，我们就保留。

before　　after

为了提高标志的识别性和记忆度，我们将英文删掉，仅使用中文名称。字体设计上，在原有圆形字体的基础上，将“立”“高”两字的起笔做出“奶油”的特征，让人产生强烈的食欲感；色彩上，采用纯净的蓝色，让人联想到食品的新鲜品质。

统一识别

考虑到B2B企业的专业性，在与奥昆、美煌（昊道）品牌关系的处理上，保留奥昆、美煌（昊道）原有品牌形象的同时，采用“立高+子品牌”的形式统一旗下所有品牌，一来不会造成原有客户、品牌资产的流失；二来又可以一眼识别与立高的母子品牌关系，互为借力。

到这里，我们仅仅是完成了品牌的战略统一问题，接下来又该如何发展，如何实现品牌的超级露出和溢价呢？

下面，我们将运用华与华的两大核心技术超级符号和超级口号，来引爆这一战略；通过立高企业价值之轮的打造，实现品牌溢价。

▲ 立高品牌家族（部分）

第二章

统一超级符号：看见蓝条纹，就是立高人

一切传播都是符号的编码和解码，超级符号方法就是用效率最高的符号来编码。

1. 超级花边，视觉传达率最高的超级符号

大家都知道，我们超级符号当中有一个战略花边，大家认为这是一个辅助图形，是视觉识别系统中的一个工作项目，不重要，但是在华与华方法中，它是比标志更重要的识别符号、品牌资产。

搜狗百科是这么定义辅助图形的：

> 辅助图形有时也称为辅助图案或装饰花边，是VI系统中不可缺少的一部分，它可以增加标志等VI设计中其他要素在实际应用中的应用面，尤其在传播媒介中可以丰富整体内容、强化企业形象。

也就是说，我们可以通过辅助图案和装饰花边的运用，来增加品牌的视觉传达率，提高品牌露出效率。

在华与华，我们禁用“辅助图形”这个词，因为它不一定是“辅助”，而可能是比标志更重要的识别符号，比标志更大的品牌资产，我们称之为“战略花边”。

了解华与华的朋友都知道，我们的战略花边精彩案例也不少：2018年百万大奖的得主莆田，通过水波纹的超级符号，打造了品牌传播系统，助力莆田品牌实现了全球化。

再比如，厨邦的绿格子，通过绿格子花边在包装上的极致运用，为厨邦打造了绿格子调味品王国。

江小白的蓝白格瓶盖设计，即使被扔在地上踩扁了，路过的人也能一眼认出是江小白。

所以我们不能说水波纹、绿格子、蓝白格是“辅助图形”，是“装饰花边”。在战略高度和在装饰高度，设计的理念和出发点是不一样的，这就是华与华的“花边战略”。

一万年前，从原始社会的陶器时代就开始将水波纹作为符号

中国半坡时期文物　中国战国时期文物　中国西夏时期文物

关于战略花边的识别效率我们有两个标准：

第一个是“惊鸿一瞥”。

就像观鸟一样，对于观鸟的高手，一只鸟从他面前飞过，他眼角余光瞟到一眼，就能知道那是什么鸟，因为他熟悉各种鸟的符号性特征。

第二个标准呢，华与华有一句“恶狠狠”的话，叫“撕成碎片我也认识你”。

比如我们举超人和蜘蛛侠的例子。“超人和蜘蛛侠，谁更容易被识别？”

想要辨认出超人，你必须看到外穿的内裤和一个S符号，但如果只给你一个超人海报的碎片，脑洞再大你也很难想象它到底是什么。而蜘蛛侠就不同了，你只需要看到猩红色的底和蜘蛛网，便能一眼识别出蜘蛛侠，就算撕成碎片大家照样能认出来！

这就是比超级符号更超级的战略花边！

2. 蓝条纹的诞生

那么，立高的超级花边是什么呢？很多朋友说华与华喜欢用格子：西贝红格子、厨邦绿格子、江小白蓝白格……这回我们没有用格子，用了条纹。

超级符号是人们本来就记得、熟悉、喜欢的符号，是蕴藏在人类文化里的“原力”，是隐藏在人类大脑深处的集体潜意识。

还是举莆田的例子，它的水波纹是源于一万年前陶器时代所使用的锯齿状纹路，看到它我们马上就想到海洋，这是积蓄了一万年的原力。

在烘焙行业，我们同样找到了一个人人都认识的公共文化符号——竖条纹！

烘焙文化源于西方，在欧洲街边随处可见的条纹雨棚就是烘焙的标志性符号。

烘焙传入中国后，仍是延续了这一识别特征，比如中国第一批烘焙品牌中的红宝石。很多烘焙品牌都选择条纹作为设计元素，在平面和包装设计中广泛使用，就连肯德基也没能逃过，甚至连大楼都穿上了条纹外套。

超级符号有三个标准：可注册、可识别、可描述。确定了条纹这一公共文化符号后，接下来就是进行私有化改造，使其成为专属于立

▲ 烘焙业的公共文化符号——条纹（无论在国外还是国内，街边的面包店、咖啡店都随处可见）

▲ 红宝石和肯德基在店招上的条纹元素

高的超级符号。

基于品牌资产观，我们用立高logo中的两种品牌色创作了专属于立高的蓝条纹，并将其命名为立高蓝条纹。

立高蓝条纹的视觉帝王学：

- 用色如用兵：蓝色是新鲜的，蓝色是干净的，代表立高食品的品质。
- 视觉强制性：同一性的、重复的阵列式视觉形式，可以释放出巨大的心理和社会能量，而这就是视觉权力。
- 视觉冲击力：条纹在视觉上给人无限延伸的感觉，简约大方。在视觉上可以对空间进行拉大，给予空间膨胀的视觉冲击。
- 组合多样性：条纹是最基本的几何纹样。条纹之美在于它的简洁、理性、规律，以及它的秩序和可重组性。

我们通过占领蓝条纹，占领烘焙行业的文化原力，让蓝条纹成为比标志更重要的识别符号，成为立高的品牌资产储蓄罐。

有了蓝条纹，三家公司就可以共用一个符号：各个分公司使用一个蓝条纹，品牌形象使用一个蓝条纹，产品包装使用一个蓝条纹。既能够提高立高品牌的露出效果，还能够持续投资，使之成为立高的品牌资产储蓄罐。

接下来，通过对蓝条纹的压倒性投入，创造蓝条纹的最大重复，提高蓝条纹在终端的露出频次，从而引起客户对立高的强烈注意。

3. 统一VI，战略统一的起手式

将蓝条纹融入奥昆、美煌（昊道）VI，投资一个蓝条纹，形成合力。

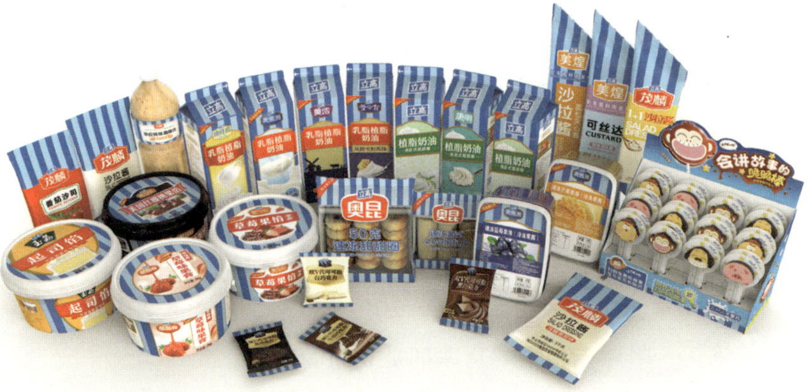

▲ 三家公司包装同用一个蓝条纹（部分产品）

▲ 统一前，风格各异，没有统一的品牌识别

▲ 蓝条纹外包装箱，占满仓库

4. 统一包装，占领经销商仓库

这是一个被很多B2B企业忽略的品牌阵地。

华与华认为，仓库也是货架，仓库也是品牌阵地。

在终端，经常有这样的场景：经销商的仓库里，也许有一半以上的产品来自立高，但经销商并不知道这是同一家公司的产品。

有了蓝条纹以后，三家公司，20多个品牌，上百个产品，全部铺上蓝条纹，一眼望去，整个仓库都是立高的产品。

对此，立高公司总裁彭裕辉先生这样评价："有了蓝条纹，我们的客户（经销商和烘焙店）会真正感受到原来这是非常厉害的一家公司，到处是它的人，到处是它的货，我的生意如果没有了这家蓝条纹的公司，连库房里都是空的。客户不需要统计每年跟立高做了多少生意，他只需要直观地感受到，蓝条纹的货没了，我的仓库都空掉了。这就是蓝条纹符号带给我们的联合力量。"

5. 重塑企业文化，建立品牌信仰

2018年7月，立高食品股份有限公司新VI系统正式发布，会上彭总讲道："集团统一VI，是一个仪式，我们从此打破部门墙，打破不同分支机构的壁垒，成为一体。"

新VI发布以前，烘焙店中，也许同一天的不同时段会有三名业务员拜访（立高、奥昆、美煌），但烘焙店老板并不知道他们来自同一家公司。

而从此以后，无论是集团年会、员工生日会、团队拓展等企业内部活动，还是在数十场经销商大会、国外考察学习、全国校园招聘活动中，所有的传播画面都是一个蓝条纹，所有人记忆的都是一个蓝条纹，他们有一个共同的称呼：蓝条纹家的。

在一次年中会上，一位业务员跑来和我们说：“以前我们（和奥昆业务员）碰到了，也不敢认，现在好了，只要看到穿着蓝条纹的人，就知道都是立高人……”

接下来我们要把品牌传播的效率最大化。在B2B企业里面做生意要做品牌，要高频次露出，怎么露出呢？就是靠行业展会，但是一到行业展会，很多老板就会打鼓，就怕用钱打水漂。

▲ 立高食品股份有限公司总裁彭裕辉先生在公司年中会上讲话

▲ 穿上蓝条纹，就是立高人

▲ 对外营销活动——百家讲坛活动

6. 行业展会：B2B品牌营销主战场

行业展会，不只是一次普通的品牌亮相，而是B2B企业传播推广的首选平台；不只是业务交流的平台，更是展示企业综合实力的最佳契机。

克劳塞维茨在《战争论》中提到，所有的会战都是为了最后的决战。若米尼《战争艺术概论》强调为了打败敌人，必须坚决把主力投入决胜点上。决胜点就是我们实现战略目标的关键动作。

那么，行业展会就是为立高实现战略统一的关键动作，建立强势品牌的决胜点。不仅是展位形象的设计，而是解决营销传播的战略性设计。

上海国际烘焙展，是立高股份统一VI后的首次亮相，是展示集团综合实力的最佳契机。为此，我们想要通过这次展会设计，向行业传达三大信息：

> 第一，让行业知道立高、美煌、奥昆同属一个公司，展示立高的综合实力，提升品牌的行业位势；
>
> 第二，提高品牌的露出效果和传播效率，让参观者一眼就能识别；
>
> 第三，建立蓝条纹品牌资产储蓄罐，使之成为立高新增品牌资产。

7. 用超级花边引爆行业展会，建立压倒性的品牌优势

往年，三家公司分别以各自为主体独立参展，各自有品牌视觉识别，且位置分散，一眼望去无法直接看出三家公司之间的关联，未能展示集团的综合实力。

2019年，华与华建议将三家公司展位合并到一起。首先，从面积上来看，够大够刺激。其次，在视觉上来看，通过统一的风格设计，让人一眼识别出三家公司的关系。

▲ 2018年上海国际烘焙展

▲ 2019年上海国际烘焙展

为此，华与华为立高创意了以一条蓝条纹贯穿始终的超级展位，强势亮相2019年5月召开的上海国际烘焙展，将展会现场变成了主场，在众多展位中脱颖而出，成为全场焦点，惊艳了行业。

项目组通过以下四大关键动作，引爆超级展会：

关键动作一：超级展位——将蓝条纹用到极致

在展位创意上，我们始终坚持用一个蓝条纹贯穿始终，无所不用其极地使用。

① 铺满蓝条纹，打造360度的沉浸式体验

基于蓝条纹本身所具有的视觉强制性及空间延展性，将蓝条纹铺满整个展位，瞬间抓取眼球，让人一眼识别。

·空中吊幔：贯穿765平方米展位，高高吊起于展位上方，提高展位的发现感与整体性；

·门楣：与“吊幔”互为呼应，将三家公司圈定在一个蓝条纹下，强化展位整体性；

·地毯：从头铺到尾，让参观者顺着蓝条纹，一路走到底；

·内部空间布置：着眼之处皆是蓝条纹，打造360度的沉浸式体验。

② 巨型产品包装造型，提升展位气势

阵列式排列，与“吊幔”“门楣”融为一体，形成从空中到地下的完整包围，提升展位气势的同时，让参观者对立高的主营业务一目了然。

关键动作二：压倒性广告投放，提升品牌位势

① 超级广告牌——铺满蓝条纹

本次烘焙展，立高压倒性地投资了展馆南广场和北广场6块大型广告牌、E2展馆指示牌以及10万块胸牌，让立高遍布会场的每一个角落，让所有去到现场的人都记住立高。

好的设计要在货架上获得陈列优势。从货架思维来看，展会现场是货架，户外广告牌就是商品陈列。

展会现场环境嘈杂，参观者注意力分散，要接收来自四面八方的信息。基于华与华三现主义，对于广告画面设计，我们要始终围绕流量转换来思考、设计：

▲ 2019年集团广告画面

▲ 2018年奥昆食品、美煌食品广告画面

▲ 铺满蓝条纹，一眼就能识别。100米以外，大家也能认出立高。

· 如何引起更多路人的注意？→ logo、话语要大，即使远距离也能看得见。

· 如何能够在最远的距离外被看见？→ 排面要大，最好能撑满，不浪费一块画面。

· 看过之后能记住什么、传播什么？→ 传播的内容要少，最好就记住一句话。

② 超级胸牌——惊鸿一瞥看得见

这一次，去过展会现场的人都会产生一种错觉——所有人都是立高的人！所有人都佩戴着蓝条纹胸牌！

原因很简单，通常展会的胸牌，只有近距离或是佩戴者自己才能看清画面内容。

但是，当胸牌铺上蓝条纹以后，不仅增加了品牌的展示面积，而且余光一扫就能看到，就知道是立高。10万个蓝条纹胸牌，将展会现场变成了立高主场。

③ 超级手提袋——把所有的袋子都装进立高

背上立高蓝条纹超级手提袋，所有人都是立高的移动广告位！

华与华方法：广告即重复，重复即投资，重复投资，才能形成品牌资产。

从上海国际烘焙展再到广州国际烘焙展，从春季烘焙展到秋季烘焙展，立高始终坚持投资一个蓝条纹，重复投资一个蓝条纹。立高蓝条纹，是管用100年的品牌资产！

华杉说："立高蓝条纹超级展位，解决的不仅是品牌形象的设计问题，更是企业的战略实现路径，帮助实现品牌的全面统一，对立高建立新的品牌资产起到决定性作用。"

▲ 蓝条纹胸牌的极致应用，将展会现场变成立了高主场，遍布会场的每一个角落。

▲ 2019年5月上海国际烘焙展

▲ 2019年5月广州国际烘焙展

▲ 2019年10月上海秋季烘焙展

第三章

超级口号引爆战略

超级符号帮助立高建立品牌形象的统一，我们还需要一句口号来引爆战略。

超级口号，就是用口语化的方法，围绕一个超级词语，用一个能说出的价值，发动消费者大规模购买和传播！

那么，如何用一句话说出立高的价值，让消费者替我们传呢？

1. 投资一个“立高”品牌，降低营销传播成本

合作之初，三家公司各有一句广告语：立高——美丽蛋糕，需要立高；奥昆——简便而不简单；美煌——安全酱料用美煌。

基于品牌的三大成本：社会监督成本、消费者选择成本、企业营销成本，我们建议将资源集中投资在“立高”一个品牌，为立高创作一句超级口号。

2. 设计一句话让消费者替我们传

超级口号的核心是不要说清，不要说服，要说动。

华与华方法认为，传播的关键在于传，所有的创意在于发动如何传。广告语不是我说一句话给消费者听，而是设计一句话让消费者去说给别人听。不仅是我们去播，更是发动消费者替我们传。

我们说，好的广告语一定要包含品牌名。超级口号只用陈述句和行动句，用一句话表达就是“烘焙找立高”。

客户最关心的是你能为我带来什么好处，也就是利益点。做生意都想“顾客盈门”，“顾客盈门”就是你所提供的产品能够被消费者喜欢。产品能够一直热卖，就是“款款都畅销”。

立高的超级口号：“烘焙找立高，款款都畅销”。

“立高”是品牌名，“烘焙”是行业，“找”是直接下达购买指令，让人听了直接行动，不用思考；“款款都畅销”是口语表达，也是烘焙店老板、经销商最关心的，这句话也是他们可以相互传播的。立高烘焙店的产品都畅销。

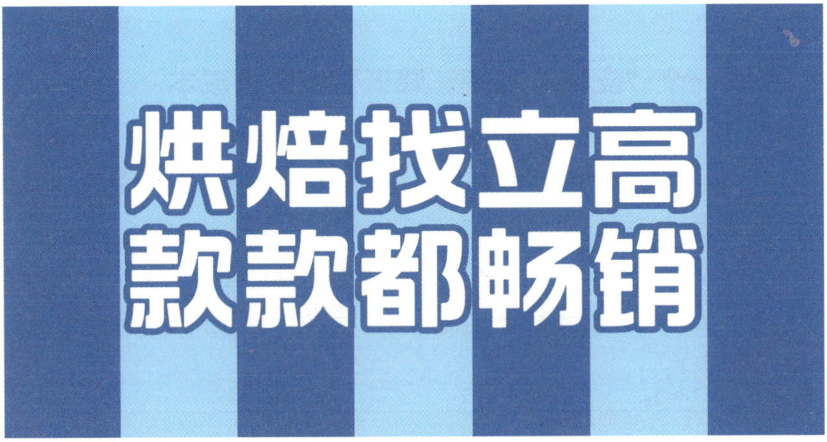

口号就是行动，口号就是战略。

接下来介绍华与华方法中的“价值之轮”，实践从口号到畅销的战略。

华与华认为，所有企业都是咨询业，所有企业都是制造业，所有企业都是服务业，所有企业都是梦工厂。

若想实现“烘焙找立高，款款都畅销”这一战略目标，我们就要成为行业首席知识官，让有产品销售困扰的烘焙店老板都来找立高。

“华与华企业价值之轮”模型强调企业的价值是产品——服务——体验——知识——梦想，逐步递进。

第一是产品。企业就是产品，我提到一个产品，就想到你的企业，想到一个企业，马上想到你的拳头产品，你就能获得成功。

立高，从第一款打破垄断的植脂奶油到开创裱花蛋糕时代的晶晶亮果膏，再到引进驱动行业升级的冷冻半成品生产线，立高一直代表着行业先进生产力。近两年推出的玉荔起司馅儿，曾荣获ITQI2018顶级美味勋章，为蛋糕坯口感升级带来革命性的突破；汝之友奶油实现了芝士风味的差异化升级……我们把这个称为企业的拳头产品，就是餐厅的招牌菜。

第二是服务的价值。只有价值是不够的，服务还要创造附加价值。

立高率先开拓了应用产品技术培训服务，通过为烘焙店提供技术培训来销售原料产品，自1997年开始，发展至今已成为行业标配服务。

第三是体验价值。来之前有期待，来之中有惊喜，走之后有回忆。值得回忆，乐于传播，最好带走信物。

新增的蓝条纹体验，从企业VI到烘焙展，为立高建立了全新的品牌形象。

第四是知识价值。我们要创造知识，为行业带来知识。

立高研发的“21世纪新派艺术蛋糕制作技术”教学VCD，为国内烘焙行业培养了一批烘焙人才，帮助国内烘焙业实现了快速发展。还开创了“立高烘焙讲堂”，帮助下游企业培训人才，通过持续不断地为下游客户提供产品知识和营销知识，帮助他们实现顾客盈门，所售产品能够“款款都畅销”。

企业的本质，往宏观说，是为社会解决问题；往微观说，是为顾客解决问题。无论解决什么问题，首先都是提供解决方案，这就是咨询。

最终，我们要成为自己所在行业的首席知识官。你要发布产品，大家都搬个小板凳等着，这个就是行业地位的威力。

第五是梦想价值。所有的企业都是梦工厂，最伟大的企业，都是在某一方面代表着人类的梦想。

我们用产品来举例说明。

烘焙业面临两难：有品类无品牌以及缺乏畅销品。B2B企业就要承担这个责任，为他们提供品牌营销的咨询服务，提供由原料产品到品牌到营销的完整解决方案。而解决方案是免费给的，他还是只需支付原料的价钱，其他服务都免费，这是我们为他提供的增值服务。通过帮助下游客户开发产品和做品牌，把原辅料供应变成“副产品”，最终实现品牌溢价。

为此，华与华提出了“应用产品IP化、品牌化”的运营思路，像打造品牌一样开发产品。在帮助下游客户开发产品做服务的同时，为客户提供品牌管理服务，赋能万千烘焙店，帮助它们建立自己的独特竞争力，实现“烘焙找立高，款款都畅销”。

什么是产品IP化？我们有一句话叫“铁打的IP、流水的产品”，词语和符号可以永存，产品可以无限变化，就像我们刚才提到的蜘蛛侠，他可以不停地拍电影，即使在这部电影里面蜘蛛侠已经死了，但是下一部我们可以拍他小时候。

至今，华与华通过产品开发的方法，先后为立高开发了“吃麻麻香”“美芝芝蛋糕”“唇印泡芙”三大系列产品。

其中，美芝芝蛋糕系列上市4个月，捷报频传，单店生日蛋糕日销207个，生乳卷日销4000盒，远远超出其他产品日销约100份的纪录，成为2019年烘焙行业悄然升起的畅销新星。

第四章

B2B企业的广告怎么投

做广告？太贵啦，浪费！这是很多企业家的想法。

华杉说：“企业经营主要就是两个视角：一个是成本，一个是投资。所有的增长都是投资拉动，没有投资，就没有收获。”

比如华与华在首都国际机场的天价广告牌为我们带来了时间的解放，把更多的时间用来为已签约客户服务。

我们应该把广告当作投资，是存在空气里的钱，随时给你生产利息，成为你的品牌资产。

华与华也是B2B企业，我们自己也投广告。从2008年到现在，华与华累计投资了1.04亿广告。很多人都问效果怎么样，KPI是多少，投资回报率怎么样。

答案：不要效果！

一个月不会有效果，三个月也不会有，但是一年有点效果，十年可能有初步效果，二十年你就是世界第一。

所以说，华与华广告投放的第一原则就是要细水长流，坚持不懈地投。

关于广告投放的另一个观点是，广告就是发信号，信号越贵越有效。

一是强调“压倒性投入”；二是强调广告的“仪式感”。

同样一句话，你把它放在中央电视台和贴在电线杆上，虽然都到达消费者那里了，但效果却有天壤之别。

投资，要一战而定，先胜后战。

我们投广告有一个原则，要在商务媒体中投大众媒体，我们要让广告让所有人看见，让所有人心向往之。

为此，2019年10月，立高压倒性地投放了三大航空航机杂志广告（《中国之翼》《南方航空》《东方航空》），继5月上海国际烘焙展后，又一次引起了行业的强烈关注。

▲ 立高在航空航机杂志上的广告投放

第五章

构建立高集团战略根基

华与华品牌战略三角两翼模型，就是用产品结构、符号系统、话语体系这三者形成一套组合拳，构建出品牌的大厦。

首先，产品结构就是战略路线图。

立高，从奶油到烘焙酱料再到冷冻面团，围绕烘焙食品拓展产品线，发展成为烘焙全产业链供应商，建立烘焙王国。

其次，是话语体系和符号系统。

“烘焙找立高，款款都畅销”，是立高的超级话语。围绕这一

超级话语，我们为立高提炼了一套完整的话语体系，包括事业理论、价值标准、选择逻辑、购买理由、命名规则、词语和定义，这是品牌的文本系统。

蓝条纹，是立高集团的符号系统，包括品牌标志、产品包装、广告画面以及一切品牌触点的五感设计，无论是在企业内部还是行业展会，蓝条纹都无处不在，成为集团整合后企业文化不可分割的一部分。

通过运用品牌战略三角两翼模型，华与华为立高实现了最低成本、最高效率的传播和品牌资产的积累。

最终，就是要用一页纸把立高的集团业务讲清楚，说清立高的业务和产品。

别小看这一张广告纸，这是多少企业，特别是B2B企业梦寐以求而不得的！

如今，立高已成为烘焙行业的超级明星品牌，并在不断开疆拓土，构建战略根基。没有什么一劳永逸，一切都要不断获取！立高的成功，是企业扎扎实实、一点一滴积累的结果。华杉说：“一个平凡的创意能把它用充分了，用到无处不在，它就成为最震撼的大创意！”我们很荣幸能够遇到立高这样的好客户。未来，华与华将继续助力立高开创烘焙事业新纪元。

华与华品牌成本原理与立高食品

成本和投资，是华与华处理一切品牌创意问题的两大视角。品牌的本质是降低三个成本，包括企业营销成本、消费者选择成本、社会监督成本。

第一，降低企业的营销成本。这里要讲到营销传播的兵力原则。

兵法的基本原则，就是兵力原则，打任何仗，我们首先要思考的，就是如何能集中最多的兵力，翻译到营销投资上，就是如何能砸最多的钱。但是，大家的兵力都差不多，你哪里来超乎想象多的钱呢？克劳塞维茨在《战争论》中说，会战的关键就是你要找到一个方法把兵力集中起来。翻译到营销投资上，就是什么样的品牌和产品结构，什么样的营销传播模式，能把钱集中起来砸下去。

“一个北京城，四个孔雀城！”不仅是华与华为孔雀城提出的广告口号，也是营销传播战略。统一品牌，所有项目全部叫孔雀城，放在一个广告版面上推销，把所有项目的广告费用集中在一起使用，用大广告在最快的时间内把品牌投资起来。

我们将立高、奥昆、美煌三个品牌全部整合在一个集团品牌下，并用一个蓝条纹统一，也是这个道理。

第二，降低消费者的选择成本。消费者想买一个东西，不知道哪个好，怎么办呢？认品牌就好了，简单。

还是孔雀城的案例，只用一个广告画面，就能给消费者提供所有决策信息，他在广告上就考虑得差不多，来看一眼验证一下就可以下单。他自己在家考虑，不需要我们参与，我们的销售成本也下来了。

前面讲到的立高的航机杂志，同样用一个广告画面体现所有业务信息，如果你正从事与烘焙相关的业务，找立高就可以一站式解决，降低了消费者的选择成本。

第三，降低社会的监督成本。如果品牌企业出了问题，全社会都知道，都能监督，看着它改正。

被监督越多，被曝光越多，“坏事”暴露得越多的品牌，就越可信赖。认清这个问题，可以解决我们好多疑惑和焦虑。比如有的企业，不敢使用统一品牌，怕一出事给毁了，如果我有两个品牌，毁了一个还有一个，“不要把所有的鸡蛋装在一个篮子里”。殊不知，你想抬高社会对你的监督成本，同时也就抬高了消费者对你的选择成本，抬高了你自己的营销成本。做一个品牌还做不起来，哪有资源去做两个呢？

降低社会的监督成本是品牌得以存在的原因；降低企业的营销传播成本是我们的工作目标；而降低消费者的选择成本，就是一切品牌创意工作的原则。

华与华超级符号案例点评语

华　杉
华与华营销咨询有限公司创始人

经常有客户跟我们说，要做一个品牌提升。但是在我看来，品牌提升不是最终目的。一个企业的最终目的还是要提高产品销售、促进企业发展。在一个企业的发展过程中，企业只有保持内部交易成本低于外部交易成本，才有增长潜力。随着企业的扩大，企业的内部交易成本会上升。当内部交易成本大于外部交易成本，则企业的规模停止扩张。

新东方有优能中学和泡泡少儿这些子品牌的问题，其实是一个企业的内部成本高于外部交易成本的问题，由此产生了各个互相抑制的部门墙。要解决这个课题，就需要一个外部团队做突破，并且还要有一个强有力的创意。

“新东方，老师好！”这不仅是一句口号，更是一把利剑，解决了新东方发展的核心问题，击穿了企业部门墙和品牌墙，解决了内部和外部大思想的统一，大战略的统一，大行动的统一，这是难以想象的非同凡响的全新开始。

新东方

用品牌谚语击穿企业部门墙

新东方作为全国规模最大、最具影响力的综合教育集团，有9个事业群。早在2008年，新东方就已经完整布局了K12的业务线，中学业务叫优能中学，小学业务叫泡泡少儿。这两个业务由两个事业部独立管理，又有各自的运营和管理团队。这两个部门财务独立、营销推广独立，连招生也是独立的。

如何进行集团品牌和业务品牌的传播？集团品牌和业务品牌应该统一阵地还是各自为战进行品牌传播？

有人说，企业自己都解决不了的问题，找个咨询公司就能解决了吗？一起来看看华与华是如何用品牌谚语击穿企业部门墙的。

引 言

华与华把科斯、德鲁克、熊彼特的思想做了整理，归纳为企业三大原理。其中第一原理就是科斯的交易成本原理。

科斯说，企业存在的原因在于降低社会的交易成本。企业所有的工作都是为了降低外部和内部的交易成本。

随着企业的扩大，企业的内部交易成本会上升。当内部交易成本大于外部交易成本，则企业的规模停止扩张。比如，企业并购失败的根本原因，就是忽略了并购之后内部交易成本的上升。

2008年新东方就已经完整布局了K12的业务线，中学业务叫优能中学，小学业务叫泡泡少儿。这两个业务由两个事业部独立管理，有各自的运营和管理团队。这两个部门财务独立、营销推广独立，连招生也是独立的。于是企业内部形成了无处不在的部门墙和品牌墙，内部交易成本极高。

像新东方这样的大企业，如何进行集团品牌和业务品牌的传播？集团品牌和业务品牌的关联和差异点在哪里？应该用什么品牌形象来支持这样的关联和差异？集团品牌和业务品牌应该统一阵地还是各自为战进行品牌传播？

举一个简单的例子。新东方校区的门头到底是用新东方、优能中学、泡泡少儿还是组合使用？所以我们之前会在新东方的校区里面看到新东方、优能中学、泡泡少儿同时出现在门头上。

▲ 新东方校区的原有门头

如何降低内部的交易成本，最终降低外部的交易成本，是一个世界性的难题。在20世纪20年代，通用汽车公司的斯隆就在总部成立委员会，协调各事业部的品牌和宣传问题。而郭士纳在20世纪90年代出任IBM的CEO时，发现竟然有七十多家广告公司为IBM不同业务部门服务。

这个世界大难题，华与华在新东方项目上是怎么解决的呢？

第一章

从成本和资产角度，树立正确的品牌价值观

很多人觉得推出一个细分的业务就一定要建立一个新品牌，一定要有品牌定位。这是“品牌定位”对中国企业界特别是中国营销界最大的伤害。

在做品牌管理的时候，我们要堵塞错误的源头，吹散精神的迷雾。我们要把对品牌的认知缩到最小：一是资产观；二是成本观。

在华与华方法中，品牌成本原理和品牌资产原理是非常重要的品牌商业思想，具体指：

> 1. 品牌成本原理：品牌存在的意义在于降低三个成本，第一降低社会监督成本，第二降低消费者选择成本，第三降低企业的营销传播成本。降低这三个成本，其本质就是降低企业内部交易成本和外部交易成本。
>
> 2. 品牌资产原理：品牌资产就是能够给我们带来效益的消费者的品牌认知。华与华的品牌资产观就是所有的动作以是否形成品牌资产、保护品牌资产、增值品牌资产为标准。

所以华与华面对一个客户，第一件事情就是进行“品牌资产的审计和排序”，看看企业到底有哪些品牌资产，哪些品牌资产能够在50年后还持续地给企业创造效益。

在接到优能中学的品牌管理项目后，项目组马上就开始通过现场走访、高层访谈、消费者访谈去盘点优能中学的品牌资产。但在这个过程中，我们却发现了三个问题：

1. 消费者对新东方的认知停留在英语培训上，并不知道新东方还有其他业务类型。

2. 对外宣传中，新东方是最重要的信息，优能中学品牌信息并不明显。

3. 绝大多数消费者认的是新东方而不是优能中学。

通过品牌资产审计，我们得出结论：虽然已经有十几年的历史，但是优能中学本身没有形成品牌资产，新东方才是人人都认识、成本最低、能够为企业带来效益的消费者认知。

当初将中学教育细分为“优能”品牌、小学教育细分为“泡泡”品牌实际上是一种盲目的行为。使用两个细分业务子品牌无法发挥“新东方”这一强势的品牌资产，反而造成了企业内部交易成本的提高，进而导致企业外部交易成本也就是消费者选择成本的提高。

新东方的老师和高管们都是明白人，但为什么会出现这样的结果呢？消费者认的实际上是新东方，这是新东方的品牌资产带来的边际化最大效益。这样一个简单的道理，没有一个人不明白，甚至在对外宣传中，大家也意识到新东方的重要性，自发将新东方的信息放在了门头、广告等重要的位置上。那么为什么还要用两个子品牌去提高企业的交易成本呢？

知道却未必能做到。这就是知行合一之难！

像新东方这样的大企业，有这样的体量和市场地位，这样折腾一番也看不出对错。但是等到企业真的遇到问题的时候，再去思考如何从降低企业的内部交易成本的角度去进行企业管理、品牌营销，那就晚了。

第二章

咨询公司的核心价值：自选课题，对症下药

华与华认为，咨询公司的价值不在于提供一个方案。不能搞错课题和能提出新课题是咨询公司的重大战略价值。

在通过品牌资产审计发现新东方才是效益最大的品牌资产后，如果我们还将所有的思考都投入在解决优能中学的品牌定位的问题上，那么这个事情从开头就是错的，后面怎么理都理不顺了。

在华与华，我们使用的是课题循环工作法。这也是华与华能够与客户长期合作并持续创造价值的关键。

华与华方法说，对策制定关键在于两步：第一步是确定课题，很多工作都是课题不明确，或者确定错了，对策也就制定不好；二是找到真因，找不到真因，就没有对策。

企业常犯的毛病也就在这两个地方：第一，课题错了；第二，原因不是真因。

比如2013年西贝找到华与华的时候，已经陆陆续续请过几家咨询公司，品牌定位过“西北菜”，也定位过“烹羊专家”。西贝认为业绩下滑的原因是前两次的定位出现了问题，要进行第三次定位。

其实业绩不好的原因和前两次定位根本没有关系，营销要看四张牌的组合：产品、价格、渠道、推广，也就是营销4P。

第一次西贝定位在“西北菜”，既没有成功，也没有失败。因为西贝没有改变4P。第二次定位在“烹羊专家”造成了灾难性的失败，因为他们在不知不觉中改变了产品和价格。

无论你做什么东西的营销，都是4P这四件事情。你要进行营销策划的时候，你手里就要有这四张牌可以打，你先决定你的产品，然后确定产品的价格，建立销售的渠道，再讨论推广。所以说4P就是营销的全部和全部的营销，因为它能够做到完全穷尽，相互独立。

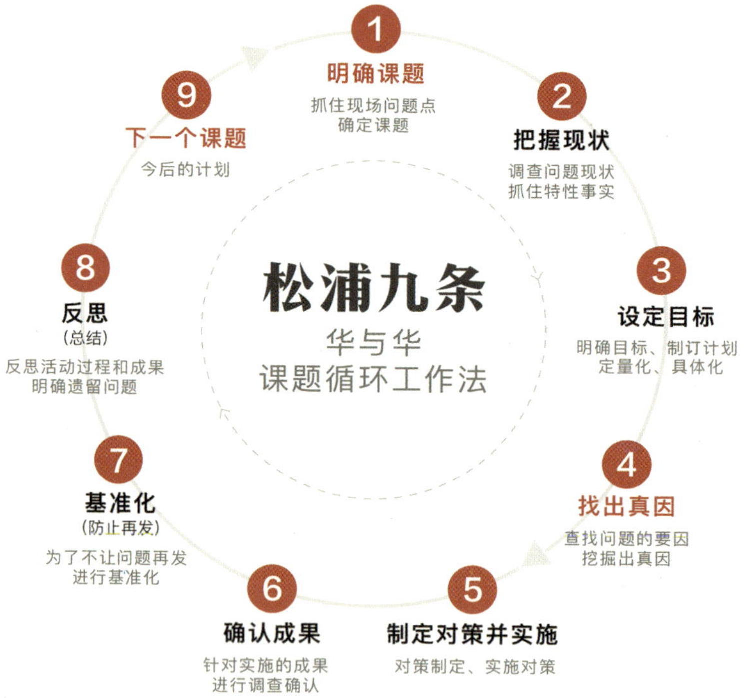

▲ 华与华课题循环工作法

华与华重新为西贝明确了课题，按照营销4P的逻辑为西贝制定对策，带来了西贝新的增长。

发挥咨询公司真正的价值，将课题拉回正道，只有明确课题，找到真因，才能制定对策。在新东方项目上，华与华也做了自选的动作，坚决地把课题拉回正道：从新东方集团的角度，整体思考品牌的问题与对策。

既然对外宣传是新东方，消费者选择的也是新东方，从品牌资产和成本的角度去考虑，我们的第一个建议就是取消新东方子业务品牌优能中学，甚至取消泡泡少儿，以“新东方”统一各业务条线，最大化品牌资产，降低成本。

这也是华与华历史上首次遇到这样的情况：客户交给我们一个品牌，让我们为这个品牌做品牌管理和营销的工作，我们的第一个建议却是取消这个品牌。

以“新东方”统一各业务线后，新东方彻底告别过去子品牌林立、入口五花八门的时代，从外部形象到内部管理，正式形成统一步伐，极大地降低了企业内部和外部交易成本。新东方所有的资源也都投资在“新东方”这三个字上。

取消了优能中学和泡泡少儿之后，我们还需要对其业务重新命名。华与华提出以新东方中小学全科教育的业务名代替原来的泡泡与优能。

命名就是召唤，通过命名传递购买理由，召唤我们的目标消费者。通过命名，也一举打破了新东方只有英语培训的消费者认知，让消费者知道新东方除了英语，还有更多元的业务。

通过新东方中小学全科教育的命名，也打通了两个事业部的部门墙。业务经营变得统一，招生也变得统一，从六年级到初中段，学生也没有必要再重新选班、报班，极大地减少了消费者的流失，也降低了企业内部的运营成本。取消一个销售额接近70亿的品牌，对企业来说是一件举足轻重的事情。但是提案现场，有智慧和魄力的俞敏洪老师当场拍板同意，并把合作改回集团品牌合作。

我们感谢俞老师的魄力，也要反思大企业这种“部门墙和品牌墙高筑，导致企业内外部交易成本不断提高”的灾难。如果华与华也将错就错，去做一套优能中学的品牌方案并落地执行，这将会和建立品牌的初心背道而驰。

▲ 新东方校区的新门头

第三章

回归行业本质，为企业战略定心

确定了以“新东方”统一各业务条线，打通企业部门墙之后，我们开始思考新东方的品牌战略。

始终服务于最终目的，随时回到原点思考。我们就回到原点：这个行业的消费本质究竟是什么？消费者在选择培训机构时最重要的考虑因素是什么？

为了寻找这个答案，我们走访了武汉、西安两个城市，拦访了新东方校区周边的几百名家长及学生，并组织了4场消费者焦点座谈会。

通过调研，我们发现老师是家长和学生判断培训机构好坏时最关心的因素。有的家长甚至将老师作为区别培训机构时唯一考虑的因素。

回归教育行业的本质，老师是教育行业的基本面。教师重要，就在于教师的工作是塑造灵魂、塑造生命、塑造人的工作。我们期待一个全面发展的学生，那么我们需要一个全面发展的好老师。俞敏洪老师也说：“只有老师好，新东方的一切才有可能。”

项目组初步预判，可以从“好老师”的角度入手制定新东方的品牌战略。那么新东方的企业基因能否支撑这一战略角度呢？带着这个问题，项目组开始进一步挖掘新东方的企业历史，并对新东方的高层、一线教师进行了访谈。

众所周知，新东方初期就是因俞老师等名师的高品质教学而在行业中脱颖而出的。如今新东方已进入“后名师时代”，新东方名师已成为一个集体主义概念。

在和新东方高层、一线教师交流时，项目组也发现，新东方不仅在教师入口端高标准、严要求，还建立了系统的教师培训和教学评估体系，形成新东方老师选、育、任、留、用的闭环系统。可以说，新东方在教师资源上的投入远超其他教育培训机构。

新东方在“好老师”上的一系列的超配投入和能力基因，让项目组更加坚信了之前的判断：新东方的品牌战略要基于已有的好老师资源禀赋，继续加强对教师的战略资源投资，重新书写好老师定义。

第四章

品牌谚语，击穿企业部门墙

我们不仅要在战略上给新东方定心，还要为新东方提出突破性的创意。像新东方这样的大集团、大企业，快速行动、减少内部消耗就是最好的战略。

只有用最清晰的战略和最锐利的创意利剑，才能击穿企业的部门墙和品牌墙。这个突破性的创意必须是压倒性的大创意，并且能够真正地落实在具体的行动和解决方案上。

那就是华与华的核心技术——超级符号就是超级创意。

超级符号是人人都看得懂的符号，还是人人都按照它的指引行事的符号。

一个伟大的品牌，就是一个伟大的超级符号。

如可口可乐的瓶子始于女人的身体曲线的符号，逐渐成为可口可乐的品牌符号，随着可口可乐的成功，更成为人类的文化符号。

如何创作超级符号？华与华有12个字：文化母体、品牌寄生、超级符号。意思是我们找到一个文化母体，把品牌寄生到文化母体里面，形成超级符号。那么这个符号就获得了这个母体的能量，获得了母体的原力。

文化母体是人类循环往复的戏剧，是人类共同的经验和知识。母体一旦形成，就有不可抗拒的力量。它就一定会准时发生，并且伴随着众多的仪式、符号和道具。

举一个简单的例子。微信红包一夜爆红，我们来看看它是如何做到的。首先，它叫作红包，占领了词语；然后它占住了红包的符号，把它的产品用红包包了起来；还有很重要的一点，它占住了春节发红包的仪式。微信在春节的时候号召大家发红包，一夜之间就建立了它的微信支付。

那新东方的超级符号是什么呢？

我们已经定好了新东方的品牌战略出发点是“老师”，项目组不假思索地想到了“老师好！”这样的一个文化母体。

上学的第一天，我们学会的第一句话就是“老师好”。“老师好”伴随着我们从幼儿园、小学、中学一直到大学，早已形成了全国人民向老师打招呼的仪式。当我们长大成人、踏入社会，对于那些我们敬佩的人也会说一句：“老师好！”

可以说，“老师好！”是全国人民都知道、全国人民都会说的一个文化母体。

我们将这句耳熟能详、从小说到大，其中蕴藏着人类文化原力的俗语，注入新东方的品牌中，就创作出了新东方的超级符号——新东方，老师好！

华杉说：“要检验一句口号够不够超级，就要看它能不能用100年。100年前能用，100年后也不过时。”“老师好”是全国人民学生时代循环往复的仪式，具有非常强的生命力，这个符号管用100年，没问题！

“新东方，老师好！”这句看似简单的口号，也蕴含了极大的能量。

它适用于新东方所有产品线的统一，英语能说，语文能说，数学也能说。它适用于所有业务板块的统一，小学能用，中学能用，大学能用，出国留学、职业培训也能用。

它适用于对外的传播统一，也适用于对内的战略动作的统一。

广告语不是我说一句话给他听，而是设计一句话让他说给别人听。“新东方 老师好！”这是我们的老师、同学、家长介绍新东方最简单有力的一句话。

一招一式有方法，一举一动有目的。“新东方，老师好！”就是华与华为新东方亮出的最锐利的创意利剑，它击破了新东方无处不在的部门墙、品牌墙，降低了新东方的内部交易成本和外部交易成本。

新东方 老师好!
新东方 中小学全科教育 新东方 中小学全科教育

新东方 老师好!
新东方
新东方 中小学全科教育 新东方 中小学全科教育

新东方
XDF.CN
新中关
新东方
老师好!
北京
新东方 老师好!

新东方 老师好!
致敬每一位老师

第五章

持续改善，不花钱也能降低企业的外部交易成本

能不能通过一个战略道具，直接降低新东方的外部交易成本，提高消费者的体验？华与华使用了不花钱的技术——持续改善。

持续改善是丰田生产方式的核心精神，也是华与华继词语的技术和符号的技术之后的第三大核心技术。

“丰田生产方式”的威力

2017年《财富》世界500强排行榜(汽车行业类)

2017年排名	2016年排名	公司	营业收入（百万美元）	利润（百万美元利润）
5	8	丰田汽车公司	254694.0	16899.3
6	7	大众公司	240263.8	5937.3
17	16	戴姆勒股份公司	169483.0	9428.4
18	20	通用汽车公司	166380.0	9427.0
20	19	EXOR集团	154893.6	651.3
21	21	福特汽车公司	151800.0	4596.0
29	36	本田公司	129198.0	5690.3
41	46	上海汽车集团股份有限公司	113860.0	4818.2
44	53	日产汽车	108164.1	6123.4
52	51	宝马集团	104129.7	7589.4

2017年世界500强排行榜中，丰田汽车全球排名第5位，企业行业排第1名。

我们可以观察到这两个现象：

① 丰田汽车与大众汽车总收入差不多，但利润是大众汽车的3倍；

② 中国6家车企总收入比丰田多了1400亿美元，但6家企业总利润只有丰田的2/3。

丰田汽车的利润不是靠某一个大创意产生的，而是靠全员在企业经营的每一个环节“排除浪费”“持续改善”赢得的。

华与华的价值之一就是在“营销传播”的各个环节，通过创意来进行“持续改善”，以此为客户“排除浪费”，提高“营销效率”。

持续改善的威力有多大，从丰田的经营数据里可见一斑。在2017年世界500强排行榜中，丰田汽车在汽车行业排名第1。从营收和利润来看，丰田汽车和大众汽车的总营收差不多，但利润却是大众的3倍。

丰田的利润不是靠一个创意产生的，而是靠全员在企业经营的每一个环节排除浪费、持续改善赢得的。

那么什么是持续改善呢？持续改善强调从小处着手，积小改善为大改善，把所有的销售环节都变成销售的战略工具。

三现主义，你的问题现场会给你答案

在持续改善上，我们有一个华与华方法：三现主义。三现主义就是现场、现物、现实。

在华与华，我们提倡大家多多去现场。现场有神明，到现场去，现场会向你提出问题，现场也会向你提供答案，一切创意在现场。

进入新东方校区，我们在不间断蹲点了16小时之后发现了一个核心的问题：家长报班难！

华与华三现主义		
现场	鹰的眼睛，俯瞰全局	画地图，城市—街道—商圈—门店
现物	兔子的眼睛，观察细节	拉清单，点检摸排统计物料、产品
现实	树的眼睛，记录事实	时间轴，年/月/周/天里发生的具体的事情

当天，前台的工作人员共有3名，3名老师既要做好老学员的口碑推荐、新客人的转换咨询，还要做好收银等工作。

在报班高峰期，常常有20多个家长拥挤在前台。而前台摆放了多种宣传折页、课表、二维码。面对如此庞杂的报班物料，家长也根本不知道哪个资料能够指导自己快速报班。

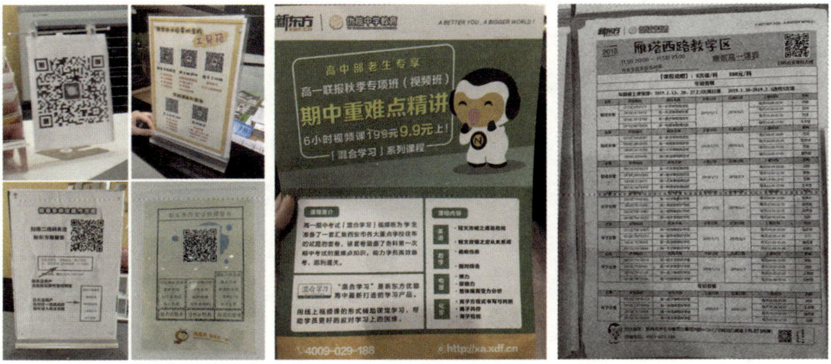

▲　新东方校区前台上摆放了6种不同的宣传折页和4个不同的二维码

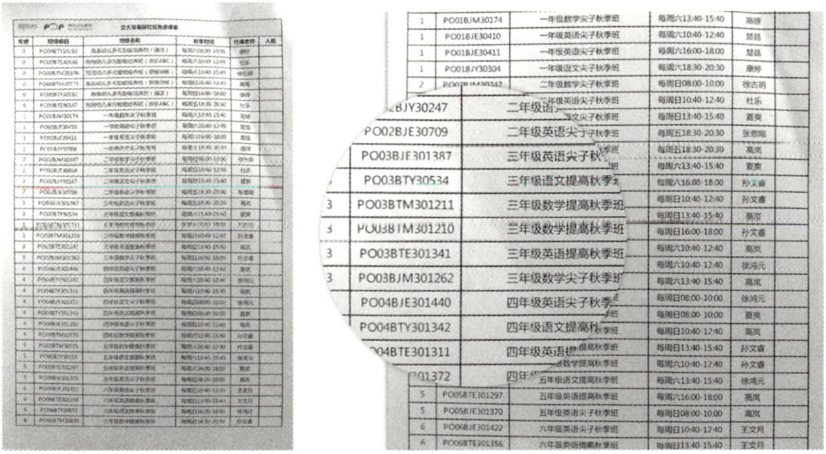

▲　新东方校区原有的报班资料

项目组统计，家长从进入新东方到最终完成报班，平均需要48分钟，有的甚至要等将近两小时。等待时间过长、问题没有得到有效解答，极易导致消费者的流失。对新东方而言，前台报班就是新东方的消费者在终端核心的购物旅程。决定购买的核心消费决策，都是发生在前台的行为。那么我们就要打造超级前台，加速消费决策，完成流量的转化。从消费者的角度出发，项目组为新东方前台规划设计了一个超级道具——报班手册。用一本手册，通过两大关键动作，减少反复咨询，缩短转化时间，降低企业外部交易成本。

关键动作一：封面设计降低发现成本

为了降低家长的发现成本，让家长一目了然哪本手册对他们来说最有用，我们在报班手册的封面设计上进行了3个放大：

第1个放大——放大标题：报班手册标题最大化，不用走近也能看到，小学拿小学，中学拿中学，刺激家长阅读。

第2个放大——放大品牌形象：抓住眼球，建立沟通。

不断积累形成新东方的品牌资产，看到读书人就想到新东方。

第3个放大——放大消费者利益点：优惠信息，加速报班转化。

关键动作二：内容机关算尽，所有的信息清晰可见

我们将服务餐饮客户的经验用在了报班单页的设计上，用设计菜单的思维来规划报班手册。所有内容都是针对家长关心的问题来规划的。

我们统计了家长在咨询过程中的10大问题，内容如下图。

然后按照家长关心的问题，机关算尽进行内容规划，快速回答家长关心的报班问题。

家长提问最多的10个问题统计	
1. 有没有优惠？	6. 能不能辅导学校布置的作业？
2. 老师是什么老师？	7. 别的校区在哪里？怎么走？
3. 我们上课都上些什么？	8. 在读学员是哪里的学生？
4. 我们使用的是什么教材？	9. 一个班有多少学生？
5. 孩子上多科是否有地方休息？	10. 有没有试听课？

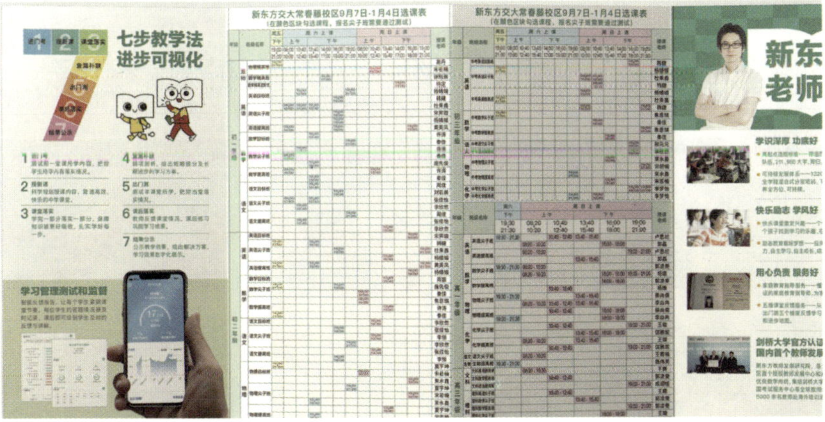

一个小小的报名单页的改善，就完成了一整套的进攻。家长需要了解的报名基本信息在手册上就能看到，不必反复询问工作人员，从而使得前台工作人员工作效率提高，排队等待时间减少。据统计，校区使用新的报名单页之后，平均缴费报班时间缩短了24.3%。

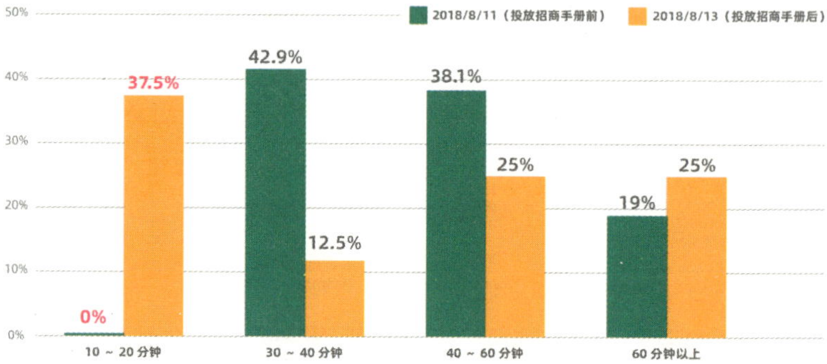

2019年9月8日，在第35个教师节来临之际，新东方在全国50座城市举行了品牌发布会，正式发布“新东方 老师好！”的品牌战略，并展开了新东方历史上横跨城市最广、规模最大、最整齐划一、最坚定的品牌行动。

新东方这样的大集团，业务庞大，内部管理错综复杂。在华与华，我们用华与华方法给它捋顺了，并用“新东方，老师好！”的超级符号，打通了企业的部门墙，击穿了大集团的品牌墙，降低了企业内外部交易成本。这是华与华帮助新东方集团建立的全新品牌战略，也是华与华历史上，让大企业、大集团少走弯路的首次成功实践！

我们可以发现在新东方这个案例上，华与华交的作业是货不对版的。客户交给我们的是优能中学品牌管理的任务，而我们从实际出发，重新明确课题，帮助新东方建立起“新东方，老师好！”的品牌战略大厦。这是华与华真人真心真本事，诚意正心的坚持。

作为一家咨询公司，华与华并没有为新东方发明创造新的东西，我们只是回归本质，重新发现新东方这个企业，找出它最有价值的资源禀赋，将它重新打磨抛光，并通过超级符号就是超级创意的华与华方法将它展现给广大的消费者，释放“新东方，老师好！”的品牌价值，降低大企业、大集团的内部交易成本和外部交易成本。

华与华并未改变新东方的“定位”。新东方一直都是定位老师好，但原来的口号“好老师在新东方”没有传播的力量，因为它传不出去。而“新东方，老师好！”因为有一个文化母体——“老师好！”，就激发了全国人民的集体潜意识，能发挥百倍千倍的传播力量，这就是华与华的超级符号方法。

正如华与华董事长华杉所说：“‘新东方，老师好！’不是什么高招，这是基本面，良知良能，不思而得。就像‘爱干净，住汉庭’一样，都是最基本的东西。”

华与华品牌谚语方法与新东方

在华与华，我们把广告口号的顺口溜称为品牌谚语。

谚语是人类古老的忠告和历史经验的传承。比如说，“饭后百步走，活到九十九”，当你听到这些又精悍又押韵的谚语，你有什么感觉？是不是觉得都是人类的智慧，都是生产和生活的经验？是不是过耳不忘？是不是深信不疑？这就是谚语的力量。

首先谚语是让人对它没有心理防线。这是一个传播学问题，也是一个语言学问题。

美国的传播学家沃特尔翁写过一本书——《口语文化与书面文化》，副标题叫作“语词的技术化”。

我们做广告，做传播，就是在做语词的技术。沃特尔翁主要研究口语套话，就是我们说的顺口溜。他说口语套话是在文字出现以前，前文字时代，口语时代人类储存知识、记忆知识和传承知识的主要容器。注意他用的这个词，是一个容器。

我们使用一个词、一句话、一个符号，都是在打造一个信息的容器。它是个信息包，是个信息的压缩包，是个信息的炸药包。把我们要传达的信息传在里面，而最有效率的容器，前有超级符号，后有顺口溜，就是沃特尔翁研究的口语套话。

沃特尔翁还讲了一个惊人的秘密，他说，人们对口语套话有一种天然的信任，顺口溜能绕开人的心理防线，直接溜到人的脑子里去。

大家学会这个，理解心理防线，什么样的东西有心理防线，什么样的东西没有心理防线，这是很重要的一个观念。而且是有行动的指令，所有广告的东西，都属于修辞。这里要跟大家强调，广告是修辞，不是逻辑。这是两个东西，哲学两个基石，一个是逻辑，一个是修辞。

修辞是什么呢？亚里士多德给了它定义：说服人相信任何东西，以及促使人行动的语言艺术，这就叫修辞。为什么在古希腊会发展成修辞呢？

第一，因为政治。政治是广场政治，靠辩论，靠演说。

第二，因为司法。司法是什么？控辩双方的交锋和说服陪审团。

第三，因为艺术。艺术是什么？古希腊的歌剧，后面有歌，前面有对白。

而且特别是在政治和司法上，那都是要用语言去打动人，其实很大程度上，还不是说服，而是打动。

修辞，就提出了修辞的四个原则：

原则1：普通的道理。

原则2：简单的字词。

原则3：运用特殊的句式或者押韵。

原则4：使人愉悦。

你的广告语没有运用这几个原则，基本上传播效率都不高。

在我们没有合作之前，新东方自己也有一句话叫："好老师在新东方！”一听就是在打广告，他的心理防线马上就立起来了：“老师到底有多好？”所以我们在提出问题的同时，就要把问题抹掉。否则这个问题严重了，消费者就开始带着批判家的视角看待我们的品牌。人家投诉你，说你的老师会有多好，但是说“新东方，老师好！”这句话就没有问题，这是我们小时候，上学第一天就会说的一句话。

其次，谚语在传播就是下断言，建立不容置疑的事实感，直接给结论影响行动。拿破仑讲宣传就是断言、重复、传染。“新东方，老师好！”就是一个断言，不需要去论证新东方老师到底有多好。我们往往觉得要把一个事情说清，要把人说服，然后人才动。但是我们的目的是使人行动，是要说动他，既不需要说清，也不需要说服。举个例子，晒足180天，厨邦酱油美味鲜。现在我要决策这个口号能不能用，去做了一个调研。厨邦酱油晒足180天，请问你信还是不信？A信，B不信，你去调研很难得到实际的答案。我凭什么要信你？但是你买还是不买？A买，B不买，他肯定说可以试一试。因为你一旦到了问信不信的时候，就把这个问题变得很严肃了。

所以品牌谚语在于使用朗朗上口的押韵，人就很容易忽略其中的逻辑，把前后的事物联系起来，再加上押韵的短句，很容易记忆和传播。

第三个观点是：传播的关键在于传。广告语不是我说一句话给他听，是我设计一句话让他说给别人听。我设计了一个口号，不管有多少，如果顾客不会去传，我最好都不要用。因为没有传达率，我只得一分。但是，他如果传，就会把这个效率翻10倍。“好老师在新东方”消费者不会去传这句话，但是他会说“新东方，老师好！”，所以重复得多了，人们就坚信不疑，这就是顺口溜的播传效率，这就是“品牌谚语”的厉害。

蜜雪冰城

始于1997·冰淇淋与茶

华与华超级符号案例点评语

华 杉

华与华营销咨询有限公司创始人

蜜雪冰城的“雪王”品牌角色是华与华品牌角色营销的标杆案例，并且体现了超级符号的规模感。很多媒体报道提出“为什么华与华那些平淡无奇的创意总能大获成功”，真因在于华与华的符号追求规模感，规模感的东西往往不会显得很锐利、很小资或者说很有逼格，但是它有格局、有规模，而且我们谋求的是一个全球品牌的规模。

蜜雪冰城的雪王确实做到了“百变雪王”，从蜜雪冰城的店员到顾客，还有抖音，出现了很多自发的创意，实实在在体现了华与华的播传原理“传播的关键在于传”，长腿的创意自己会跑。

在雪王身上，我们看到了蜜雪冰城宏大的布局和未来不可限量的前景。

蜜雪冰城

“雪王”的双百战略：百国通行，管用百年

2018年，蜜雪冰城CEO张红甫先生找到华与华：“我们也想要一个超级符号。”那时候的蜜雪冰城在全国已有门店4500家，但是大家对这个“河南郑州仔”似乎没有什么过深的印象，不少顾客甚至记不住“蜜雪冰城”这个有些复杂的名字。

2020年6月24日，蜜雪冰城全球第10000家门店在雪王老家河南省新乡市盛大开业。蜜雪冰城带着华与华为其创意的超级符号“雪王”，成为中国现制茶饮行业拥有第一个万店规模的品牌，在东南亚地区签约入驻6个国家，真正开始了从郑州到亚洲的“全球梦”。

雪王成为全民喜爱的品牌角色，“撩雪王”已经成了蜜雪冰城粉丝的日常活动。在雪王诞生之初，蜜雪冰城CEO张红甫先生这样讲道：“雪王形象是非常厉害的战略思维，放到全世界都看得懂，我们会坚持用100年不变！”这也正是华与华创造雪王的企图心，也是华与华服务蜜雪冰城的起手式：全球品牌，全球角色，管用100年，适用100个国家。

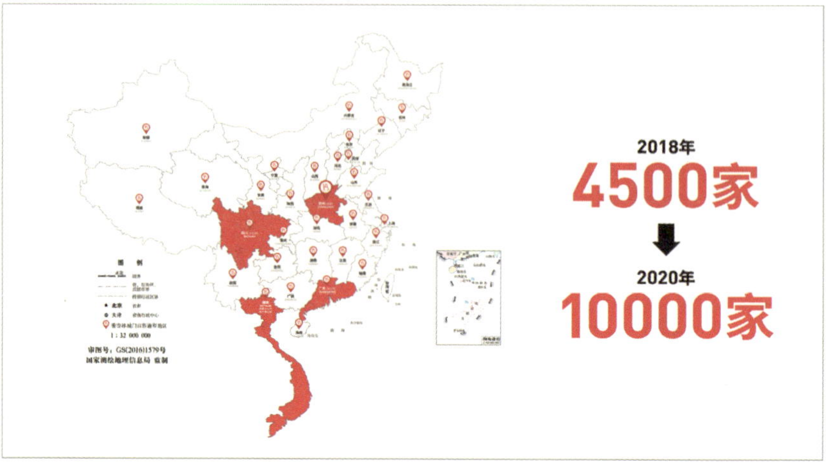

▲ 从郑州到亚洲，从小镇到全球

▲ 蜜雪冰城品牌形象

▲ 蜜雪冰城海外门店形象

▲ 蜜雪冰城海外门店形象

第一章

全球品牌需要全球品牌角色

1. 我贫民窟的大蜜雪不配拥有姓名吗

没有人说汉堡是小生意，因为麦当劳把它做大了；没有人说咖啡是小生意，因为星巴克把它做大了，因此，每个蜜雪人都坚信：冰淇淋也不是小生意，要把蜜雪冰城开到全世界，先做到10000家。

蜜雪冰城的“万店梦”一等就是23年。20年前，郑州小镇青年张红超先生，在街头看到一款“彩虹帽”冰淇淋售价18元，也许是出于天生的市场洞察力，张红超先生感叹道：“这也太贵了，冰淇淋应该不值这个价啊！”随后，他苦心研究配料、工艺，终于研制出自己的冰淇淋，并通过“成本倒推”，让利消费者，将一支冰淇淋定价1元。

20年后，这支冰淇淋依然只卖2元，而这家最初在郑州文化路卖冰淇淋的20平方米的小窗口，已经发展成拥有10000家连锁店的冰淇淋与茶饮品牌——蜜雪冰城。

冰淇淋与现制茶饮，作为大众化、高频次消费品，走上了全球大众消费品的赛道，也是最能跑出规模的赛道：中国人吃冰淇淋，越南

▲ 蜜雪冰城与连锁餐饮品牌门店数量对比

人也吃冰淇淋；小学生喝奶茶，都市白领也喝奶茶。

众所周知，作为大众消费品，有规模才有利润。也正是蜜雪冰城高质平价的品牌基因，让这个“小品牌”博出了大规模：单单一款柠檬水，每年售出约1.5亿杯；每天有400万杯产品到达顾客手中；门店覆盖全国31个省市自治区并已开拓越南、缅甸、印尼市场，上至一线城市北上广深，下至老家小镇的街道，你都能看到蜜雪冰城的身影。

然而，作为中国茶饮行业的规模冠军，蜜雪冰城的品牌知名度却远远不够高。盘点中国知名的连锁品牌，蜜雪冰城的品牌位势之低可见一斑。

在2019年5月，某平台公布了国内十大奶茶排名，其中没有出现蜜雪冰城的名字。我们虽不在意这“十大”，但蜜雪冰城的粉丝显然坐不住了，一时间平台留言炸翻了天，其中一位粉丝“打抱不平”：我贫民窟的大蜜雪不配拥有姓名吗？

这个小插曲也反映了一个现实：蜜雪冰城的企业位势与品牌位势不匹配。如何提高蜜雪的全球知名度，“让贫民窟的大蜜雪有响当当的姓名”，成为摆在我们面前的第一课题。

作为蜜雪冰城的品牌管家，我们的目的就是让蜜雪冰城拥有“全球姓名”。华与华方法认为，做任何课题都要以终为始，始终服务于最终目的。

蜜雪冰城的目的是全球化，这就要求我们每一个战略动作，都要按全球标准来，因为如果不是按全球标准，那么等到明天蜜雪冰城真正全球化的时候就要来修改，那就违背了华与华的品牌资产观，今天做的事情就不能积累为品牌资产。

我们的第一个动作：为蜜雪冰城找到一个全球品牌角色，成为蜜雪冰城的百年品牌资产。

2. 品牌角色是整个品牌形象的核心

品牌角色营销是华与华超级符号方法的一部分。华与华有一个强大的插画部，不仅画技精湛，而且“掌握关键插画营销技术”。华与华插画部的口号是：“不用你们设计师，也不用什么广告文案。我画一张插画，就能销售产品，建立品牌！”这就是华与华方法所说的“每一个营销工具，都能单独完成一次完整的进攻”，而不是“整合”起来才能营销传播。有时候主力部队是口号，比如：“爱干净，住汉庭！”有时候主力部队是标志，比如“I♥莜”，有时候主力部队是品牌角色，比如我们蜜雪冰城的雪王。

迪士尼CEO罗伯特·艾格在《一生的旅程》[1]一书中提到，2005年他刚刚接手内忧外患的迪士尼，就做出一项重要决定：将超级IP作为所有业务的引擎，并将迪士尼的未来聚焦在全球化发展、打造高质量品牌内容、拥抱高科技这三个优势上，引领迪士尼在随后的15年间并购了皮克斯、漫威和卢卡斯影业等行业翘楚，使迪士尼快速成长为全

1 已由读客文化在2020年9月出版。

球娱乐业巨头。

华与华在品牌角色的应用上，与艾格有着共同的认知：品牌角色不是一般意义上的品牌吉祥物，而是整个品牌形象的核心。

与蜜雪冰城合作伊始，我们共同确立了“成为全球品牌”的目标：中国本身就是一个大国市场，先在这个大国市场成为大品牌，然后不断扩大蜜雪冰城的规模与实力，成为全球品牌，这是我们的路径。

以此为出发点，蜜雪冰城的品牌角色一定不是小资的设计，而是要做适应大国市场的大美设计，它既是蜜雪冰城的品牌标志，也是蜜雪冰城的超级符号，最好它一出生就能够成为消费者的老朋友，集万千宠爱于一身。这样的品牌角色从哪里来？找原型！

▲　华与华前VS华与华后

▲　蜜雪冰城门店

第二章

品牌角色成功的关键：站在巨人的肩膀上

1. 寻找品牌角色

华与华创意品牌角色的哲学：我们不叫创作品牌角色，而是叫找到品牌角色。

在华与华，品牌角色成功的关键，在于找到一个大家都熟知的文化原型，只有这样才能瞬间创造熟悉感，激发受众的集体潜意识。

20世纪，心理学家荣格在心理学界的最大贡献之一，就是提出了“集体潜意识”的概念。通俗来讲，你可以这样理解集体潜意识：明明我们没有经过学习或者相互交流，但是我们就是会不约而同地产生共同的结论与想象，这是人类不分地域与文化的共同意识。就像世界各地，不少隔绝的民族都不约而同地发展出类似的神话故事、英雄故事一样。

雪王就是这样一个能够激发集体潜意识的品牌角色。我们发现了蜜雪冰城的品牌戏剧性，围绕“雪”，我们找到了全世界人人认识、人人喜欢的“雪人”母体。

▲ 蜜雪冰城超级符号的私有化

▲ 越南门店的顾客&门店

用孩子的视角审视母体，保留最具识别性的母体符号，保留两个圆滚滚的雪球身体，一个尖尖的鼻子；同时，我们给了它一支冰淇淋权杖、一顶皇冠，让它成为名副其实的“王”。

这就实现了对雪人这个全球通用符号的私有化，“拿着冰淇淋权杖的雪王”是一个在全球范围内都可注册、可识别、可描述的超级符号。

“雪人”“权杖”“皇冠”，都是人人熟悉的形象，我们就是把这三个熟悉的东西结合在一起，瞬间激发受众的集体潜意识，让它一出生就集万千宠爱于一身。

角色营销实际上是一种体验营销，它体验的不仅是产品本身，还有品牌与众不同的角色感。雪王是纯真的、欢乐的，全世界通吃。

1）受众广，无论男女老少，无论热带两极，儿时记忆中就有雪人的存在；

2）品牌永远不会老，角色的可延伸性强，便于保持品牌的时代性和连续性。

雪王既是蜜雪冰城的品牌标志，也是蜜雪冰城的超级符号，有了这样一个符号，即使它看起来萌萌的没有攻击性，却是最强势的品牌。

2. 不要逼格，要格局

雪王诞生后，我们也听到一些质疑声：一个经营茶饮的品牌，为何不做一个“小资的设计”，符合茶饮的“调调”？

因为不要逼格，要格局！

蜜雪冰城要走向全球，必然要把符号做出大众化的规模感。在大众美学与小众美感之间，我们坚持大众美学，因为小资必然小众，过分追求逼格就容易把自己逼在墙角，失去了大格局。

不要逼格，要格局！超级符号设计出来，不要去想它是否有逼格，而是要往后看几步，看到它来了之后能发挥出什么样的价值。

然而，为什么十个茶饮品牌，八个都在追求“小逼格的美”？这实际上是个哲学问题。维特根斯坦说：“我们从小受的教育，就是我们不该欣赏我们能理解的东西。”如果一个东西很简单，我却欣赏它，那就显得我没有底蕴了。所以一定是谁也弄不明白的东西，我在那儿颔首微笑，我就高大上了。于是，多数人认为一定要曲高和寡才有逼格，而忘记了只有大众化的设计才有规模感。

罗振宇曾说：“什么叫高雅？就是一种理解的门槛，你不懂，我就高雅了。”这话很精辟，商业设计，本身是零基础沟通，零成本沟通。但是，人们总想提高消费者的理解门槛，来显出自己高雅。

显然，规模感的东西往往不是那么锐利、小资、逼格，但是它有格局、有规模，而且我们谋求的是一个全球品牌的规模。

蜜雪冰城的雪王就具备这样的规模感，才能取得今天的成果。更重要的是，在养大雪王的过程中，每个动作都要“先胜后战”，先要确认做的事情可以积累品牌资产，增值品牌资产，拒绝废动作，让投进“雪王”储蓄罐的每分钱都有效。蜜雪冰城用年轻团队的新鲜能量，去实践雪王的各种想法，才有了现在的“戏精雪王”。

▲　百变雪王，戏精雪王

▲　第10000家蜜雪冰城门店位于河南新乡

▲　全球雪王代表前来祝贺

第三章

品牌角色先“活起来”才能“火起来”

在所有的超级符号类型中，品牌角色是威力最强的一种，它可以走出画面，真实地到你的生活中，让你摸得到，看得着，实实在在和你面对面沟通。

但不是每家企业都能幸运地养大属于自己的品牌角色。俗话说：“孩子只有生不出来的，没有养不大的。”而养符号恰恰相反，生下来容易，养活却很难，养大更是难上加难！

一个满分的超级符号，只是一个开端。而之后的动作，才是增值的关键。

蜜雪冰城的品牌部堪称“雪王经纪人”，他们知道，品牌角色，先“活起来”才能“火起来”。他们让雪王走出门店，和顾客互动，很多小朋友忍不住撩起雪王的披风，捏捏它的鼻子；他们让雪王形成阵列，组成舞团，跳舞炫技，粉丝们争相合影。蜜雪冰城看到了雪王的价值，彻底执行，精彩加戏，将雪王的价值发挥得淋漓尽致。

作为蜜雪冰城的品牌代言人，雪王堪称戏精，甚至有粉丝问它是不是“中央戏精学院”博士后。为了让雪王能够随时和顾客互动交

▲ 雪王气模吸引顾客互动

▲ 雪王与消费者合影

流，我们也按照顾客的购物旅程为雪王设计了无数触点，让它无处不在，让顾客的一切喜怒哀乐，都可以通过它来表达。

1. 来之前，用雪王店招唤醒顾客

来之前，顾客是受众，被动地接收着商家投来的广告信息炸弹，那么，如何唤醒茫然的受众呢？雪王上店招！

▲ 雪王上店招，成为最亮的仔

▲ 雪王出征，谁与争锋

10000个店招就是蜜雪冰城门店最大的广告位，换上雪王店招，品牌名加粗加大，就让蜜雪冰城门店成为整条街最亮的仔，抓住顾客的眼球，这是巴甫洛夫的条件反射理论：人的一切行为都是刺激反射，刺激信号的能量越强，则行动反射越大。因此店招一定要又大又亮，才能确保发出的信号比别人更容易被接收到。

除了放大、增多，我们还有更重要的一招，叫重复。雪王重复出现在所有与消费者的接触点上，让更多的消费者形成“雪王=蜜雪冰城”的共识。

2. 来之中，雪王就是售货员，给你提供小惊喜

雪王永远都是快乐的、甜蜜的，它在门店的产品海报中充当售货员的角色，推销好喝的饮品；雪王在电视画面中跳舞唱歌，吸引你的注意，帮助你快速按照TOP榜选择产品。

流水的产品，铁打的雪王，一切包装材料上都有雪王。就连奶茶杯的封口膜，蜜雪冰城品牌部都动了小心思，他们巧妙地让雪王抱着一颗心，当顾客在扎吸管的时候，会自动瞄准扎心，这时仿佛能听到雪王说：“扎心了。”就是这样的互动瞬间，让雪王活了。

一天400万只到顾客手里的茶饮杯、吃冰淇淋的勺子、芝士奶茶的盖子，甚至连魔天脆脆的蛋筒和包装上也是雪王……以至于有的顾客在抖音上投诉“为什么我的杯子上没有可爱的雪王”，足以想见雪王萌萌的威力。

▲ 蜜雪冰城饮品杯

▲ 蜜雪冰城饮品封口膜

3. 走之后，顾客成为雪王的传道士，会讲述它的故事

消费是戏剧，消费者是角色，产品是道具，那雪王就是在道具上的符号。它出现在饮品杯上，出现在帆布袋、马克杯、抱枕上，它在产品上跟随顾客，让顾客无时无刻不看到雪王，记得雪王，会向别人介绍雪王。

对外，顾客爱雪王，雪王符号可以刺激顾客的味蕾，记得蜜雪冰城甜蜜蜜的味道；对内，蜜雪冰城的员工更爱雪王，每一个演员都梦想拿一座奥斯卡小金人，而每一个蜜雪人都希望拿一座金雪王奖杯，它承载了蜜雪人一年的奋斗成果，是蜜雪冰城甜蜜荣誉的象征。

雪王奖杯讲述着蜜雪人奋斗的故事，只要看到雪王奖杯，多少个奋斗的日日夜夜就从所有者的口中席卷而来，雪王就此进入了人们的生活。

▲ 雪王与消费者的接触无处不在

▲ 雪王金奖杯&金牌

第四章

让品牌角色进入消费者的生活

1. 品牌角色是品牌终身代言人

“一个成功的品牌角色IP，能奠定一个品牌的品牌资产，能成为一个品牌的超级代言人，如果现在每年顶1亿广告费，将来就可以每年顶10亿广告费。”

品牌角色推出之后所宣传的都不仅是形象本身，还有对品牌自身的宣传。

就像你看到米其林轮胎人，想到的不仅是轮胎，还有米其林这个品牌，而且出于对形象的钟爱，就算有同等类型的产品出售，消费者多半还是会选择天然就有熟悉感的品牌。

就好比明星代言也是一种角色营销的方式，在华与华，品牌角色就是品牌的终身代言人，要让它无处不在，无所不能。

2. 品牌代言人就要有代言人的咖位

雪王拥有自己的“两微一抖”，活跃在聊天场景，发发朋友圈，介绍一下自己的日常生活，出了新品就做一下推荐，变着花样与网友互动，蜜雪冰城妥妥地将雪王打造成了“流量主播”，粉丝团自发组织要为雪王应援，甚至还有可爱的口号：“你一票，我一票，雪王明天就出道；你一杯，我一杯，雪王才能约雪妹。”（注：雪妹是雪王的女朋友）

▲ 雪王的朋友圈

作为终身代言人，就要重复出现在所有与顾客的接触点上，出现在蜜雪冰城的所有礼品包装上，如端午节、中秋节等礼品。

除此之外，像明星站台一样，萌白甜的雪王要出席蜜雪冰城的任何活动和会议，比如蜜雪冰城传统的暖心活动，每年11月蜜雪冰城总部为了关爱加盟商，会派出暖心特战队帮助加盟商制造热卖氛围，雪王就成了自带流量的售卖员。

▲ 雪王节日礼盒

3. 化身摇滚青年，代言冰淇淋音乐节

品牌角色要进入消费者的生活，跟消费的重大时刻和节庆相结合。作为雪王的“经纪人”，我们尽可能让它出场，重复重复再重复。

首先，植入冰淇淋音乐节，让全民爱上大雪王。冰淇淋音乐节是蜜雪冰城为年轻人打造的节目，雪王作为节目的主角，出尽了风头，一个音乐节引爆了全民对这个超级品牌形象的热爱。

为了在冰淇淋音乐节上获得C位，我们为雪王打造了一套摇滚装束，或唱歌或打碟或弹吉他，让它代表音乐的一切。

▲ 雪王化身摇滚歌手

▲ 冰淇淋音乐节主舞台

▲ 雪王在音乐节控场

4. 化身“福神”，打造福袋节

到了过年，雪王成为福袋节的主角，变身“福神”。福袋节是我们为蜜雪冰城开发的年度营销活动，它寄生在“福文化”这个强大的文化母体上，成为蜜雪冰城新的品牌资产。2019年雪王变身“福神”，祝你成为“有福之人”，采取抽奖的形式，回馈每一个老顾客。

门店反馈说，顾客对雪王周边爱不释手，甚至豪掷百金，只为凑齐一整套，为雪王出道贡献一份“冰宝”的爱（冰宝：雪王粉丝的昵称），就希望未来雪王出圈出道。

▲ 福神雪王

▲ 福袋节门店

5. 化身“爱神”，打造520情侣节

“你爱我，我爱你，蜜雪冰城甜蜜蜜”是蜜雪冰城的品牌谚语。

蜜雪冰城的品牌谚语中包含“我爱你”，那就占领谐音“我爱你”的520网络情人节母体，一个情侣必过的节日。嫁接在“领证”的仪式上，给顾客带来“你爱我♥我爱你”的爱的体验。

“今年520，去蜜雪冰城领情侣证”，和雪妹恋爱182天后，雪王终于在2020年520官宣，粉丝们纷纷庆祝雪王恋爱。雪王也不负众望，狂撒狗粮，引发情侣们纷纷效仿，领情侣证、晒情侣证，一时间，“雪王恋爱了”成为热搜话题，情侣证也在这场爱的表达中成为爱情的首证。

品牌寄生是品牌植入的升级。我们常常把品牌植入电影、电视剧或者综艺节目里，但是如果能像雪王寄生过年福神、520一样，植入消费者的生活场景，可能就省去了上千万的广告费。

华与华看企业一切问题都是两大视角，“成本“和“投资”。雪王作为蜜雪冰城的logo、形象和符号，降低了品牌名的记忆成本和品牌的营销传播成本。同时，也要看雪王为蜜雪冰城投资了哪些，形成了哪些新的品牌资产，这就让品牌角色衍生出更多的商业价值。

▲ 雪王&雪妹

▲　520活动海报

▲　情侣证&相关数据

▲　网友晒证

第五章

壮大母体，品牌角色衍生商业价值

当品牌角色成为一个品牌的超级符号，首先能降低品牌的三个成本：企业营销成本、消费者选择成本、社会监督成本。这些是超级符号自带的本能。除此之外，它更多的价值在于衍生品的商业价值。

2017年，熊本熊相关产品销售额超过1408亿日元，约合人民币84.5亿元，创历史新高。早期，熊本熊也是自己做产品企划，之后找公司合作，然后才是声名大振企业自动找上门合作。

现在雪王萌萌的威力已经赢得了广大蜜粉的喜爱，粉丝们甚至已经成立“冰宝”粉丝群，自发为雪王应援，所以我们相信雪王也有着熊本熊那样的潜力，可以衍生出更多的商业价值。

1. 周边开发有学问，寄生母体更畅销

周边开发要自己先做起来，寄生母体的周边更容易成功。比如“招财雪王”，寄生在“招财猫”的母体上，将传统道具私有化。

“招财”每个人都喜欢，都无法拒绝，而且招财猫手部可以动，更能吸引消费者的注意。同时，作为品牌方礼品送给人有“送财，招财”的美好寓意。

在蜜雪冰城团队与粉丝们的二次创作下，雪王还扮演了许多为人熟知的形象，如自由女神、唐三藏师徒四人，上千年的文化母体特征在这里起了很大的作用，让雪王有了轻松扮演一切角色的可能。

▲ 招财雪王

▲ 自由雪王、摇滚雪王、标准雪王

2. 严守实用主义，周边更长销

雪王在淘宝也有官方旗舰店“雪王魔法铺”，售卖所有与蜜雪冰城茶饮属性相关的袋泡茶，其中白桃乌龙茶一上市就得到顾客的喜爱，当天晚上门店刚摆出来就售卖一空。

还有日常生活中经常使用的马克杯，杯子上雪王俏皮的话语成为马克杯新的购买理由。

更有贴合学生群体的笔记本、手机支架、钥匙链、胸章，给小朋友玩的换装雪王，就像芭比娃娃一样，可以给雪王换衣服……一切的一切让雪王实实在在融入顾客日常生活中。

“冰宝的养成”从娃娃抓起，雪王绘本《雪王历险记》，讲述雪王带领雪人族拯救魔法城堡，建立蜜雪冰城的故事，让品牌故事在小朋友间得以传播。

经过3年的生养，雪王已经开启了蜜雪冰城新的事业版图，IP形象的价值正在逐步释放，未来雪王不仅要卖周边、出绘本、做联名，也计划像迪士尼一样有自己的城堡乐园，甚至有自己的荧幕巨作，让雪王真正成为世界级IP。

曾经有一篇报道，说为什么华与华那些平淡无奇的创意总能大获成功。如果让我们自己回答，我们想说，因为我们懂得创意的格局和规模，无论是设计还是口号，华与华的创意，匹配大国市场，全球无障碍，就算你有本事做到1万亿，也不用再改第二次。

创意要有穿越历史和未来的火眼金睛，不能只有浮华流行的肉眼凡胎，要追求规模感和时间跨度，不能随波逐流于只流行一两年的“流行性偏好”。

蜜雪冰城的品牌角色就遵循这样的标准，很多企业都会提出“双百战略”，百亿营收、百亿规模等。当然蜜雪冰城的规模如今不止百亿，但我们为蜜雪冰城制定的“双百战略”，是创作一个全球品牌角色，管用100年，适用100个国家。

如今，蜜雪冰城在全球开出10000家门店，而雪王的全球征程，才刚刚开始。

▲ 雪王魔法铺淘宝官方旗舰店

▲ 门店周边售卖

▲ 《雪王历险记》绘本

华与华品牌角色方法与蜜雪冰城

《广告时代》杂志曾经评选出美国20世纪十大品牌形象——万宝路硬汉、麦当劳叔叔、贝蒂、劲量兔子、皮尔斯伯里面团娃娃、奶牛埃尔西、米其林轮胎人、杰迈玛姑妈、绿巨人乔利、老虎托尼。

这些品牌形象，华与华称之为品牌角色，是品牌自己创造的品牌代言人，因为它们并不是“代言”，它就是品牌本身，或者可以理解为品牌主人、品牌发言人。

有了自己的品牌角色，就有了一个可以长期重复投资积累的品牌资产，因为它没有生老病死，只会与时俱进，越活越年轻。比如米其林轮胎人是1898年创作的，一百多年了，一百多年的积累，谁能跟它抢风头呢？它越活越英雄！

一个成功的卡通形象，本身就是一个超级IP，一个商业帝国。比如米老鼠、唐老鸭、小黄人，如果我们能给品牌创作这样一个卡通形象，那就会为百年基业奠定基础。

没有策略，创意等于零；没有手艺，创意也等于零。

我们说，不是奇迹，就没有意义。品牌角色的设计，就要以有潜力成为世界级超级IP为标准。品牌角色的设计，需要天才的手艺，甚至是世界级天才的手艺。什么样的角色算设计到位呢？米老鼠、唐老鸭、大白、小黄人……这些就是世界级超级IP的标准。

这些角色，本身就是超级IP，能够支撑起一个娱乐帝国。熊本熊就是一个这样的超级角色。熊本熊（日语：くまモン，英语：Kumamon，官方中文名：酷MA萌）是日本熊本县营业部长兼幸福部长、熊本县地方吉祥物。熊本熊最初的设计目的是以吉祥物的身份，为熊本县带来更多的观光以及其他附加收入，它在2011年被任命为熊本县营业部长兼幸福部长，成为日本第一位吉祥物公务员。

在振兴熊本县经济、宣传熊本县名气的同时，熊本熊依靠自身呆萌的形象、独特的授权运营方式，在日本本国及本国以外获得了超乎想象的欢迎，成为在世界上拥有极高人气的吉祥物。

要做出米老鼠、小黄人或者熊本熊那样世界级的形象，就要用到华与华方法。和超级符号的道理一样，最好的办法就是找到一个文化原型，用文化里本来就有的东西，用人们本来就有好感、就喜欢的东西。

为什么？因为原型成本低。如果没有文化原型，我们根本支付不起投资打造一个新卡通形象的成本，所以文化原型就是成功的捷径。品牌角色要有文化原型，没有原型就很难生长，商业价值就低。

因此在创作品牌形象时，我们不是天马行空进行头脑风暴，不是想一些稀奇古怪的所谓创意，而是在人类的生活中寻找原型，进行品牌嫁接，获得其本身具备的“原力”。

找到原型后，一定要进行修改，以实现私有化。将人类文化原型遗产私有化，并与全社会共享，这就实现了“发扬人类传统文化，成为人类传统文化”的路径。

将人类文化遗产原型私有化，广告史上最成功的案例是可口可乐1931年对圣诞老人的私有化。今天全世界都在使用的圣诞老人形象是可口可乐创造的，所以我们永远看不到百事可乐用圣诞老人做广告。

在可口可乐之前，圣诞老人的形象并不统一，甚至是穿绿色衣服为主。1931年，可口可乐为了鼓动消费者冬天也喝可乐，聘请广告插画师海顿·珊布（Haddon Sundblom）来创作增强公司形象的圣诞广告画。海顿根据的是1865年《哈珀斯》杂志上一幅著名的黑白圣诞老人画像，并参考翻阅了Clement Clark Moore于1822年创作的诗歌《圣尼古拉斯的神秘到访》（俗称《圣诞节前夜》）。在诗歌中，圣诞老人是一个以圣尼古拉斯为原型，充满温暖，友好的、胖乎乎的平民老爷爷的形象。

海顿画出了一个穿着可口可乐招牌的鲜艳的红白两色、挺着发胖的肚子、白胡子白头发的老祖父模样的老人，这也就是60亿地球人今日心目中的圣诞老人形象。这也是圣诞老人第一次被打扮成红色和白色的造型。关键在于这和可口可乐红白相间的品牌形象一脉相承，进而让圣诞老人成为可口可乐永不过时、永远充满欢乐的品牌代言人！到了20世纪50年代以后，几乎所有商家以及媒体都开始采用穿着红白相间衣服的圣诞老人形象。

将人类文化遗产原型角色私有化，要进行修改，还要与大众共享。可口可乐创作了圣诞老人，发动全世界消费者使用，在不知不觉中占领了消费者的思想和情感。

发扬传统文化，成为传统文化，这是华与华品牌角色方法的最高境界。

附录一

华杉2020年华与华年会发言：对客户的事业绝对忠诚

今天我给大家汇报的题目是“对客户的事业绝对忠诚”，副标题是“华与华儒商思想”。

绝对忠诚就是100%的忠诚，0.001%的不忠诚都没有。华与华要想获得更大的成功，不是靠华与华方法，而是靠对客户的绝对忠诚，这绝对忠诚背后的原理，就是华与华的儒商思想。

今天我想讲的内容，也是我经常在公司给大家讲的。但是你们可能每听一次，感受也会不一样。为什么呢？这就是知行合一的过程。

1. 我们的市场地位和影响力，已经接近我们实力的1%

“诚者，不自欺也。”

自始至终我都在讲一个字，叫作“诚”。什么叫作诚呢？用一句话就可以说完，叫“诚者，不自欺也”，就是你不要欺骗自己。

你卖给人家的东西有没有短斤少两？你自己知道。你给客户干活有没有偷一点懒？你自己也知道。所有的事你自己都知道。

什么叫致良知呢？就是你自己知道。所以说，你只要不自欺，你就做到了诚。有一个词叫“自欺欺人”，人若欺人，必先自欺。

过去的一年，我们取得了非常大的成绩，这个成绩大到什么程度？我说我们华与华的市场影响力已经快接近我们实力的1%了。

接近1%，但还没达到1%。我希望在2020年的时候，我们能达到1%，这就是从0到1的过程。

有人说增量时代结束了，现在进入存量竞争的时代。过去很多年都是一个增量时代，经济每年有9%、10%的增长，只要是敢干的人都在往前跑，只要往前跑就能挣钱，因为天上一直在往下掉钱。

但是很多人没有注意，我们在最容易赚钱的时候就应该要抓精益管理，就像修理房子，我们不能等到下雨天再来修理，一定得在天晴的时候就修理好房子。

华与华在2015年的时候开始请胡老师（尚和管理咨询胡光书老师）给我们做管理辅导，就是在天气最好的时候开始修房子。如果等到要开始下雨了才讨论说这房子得修啊，如果不修它就要漏了，那还来得及吗？来不及了。

所以，在2019年这个不太景气的时候，我们却取得了史上最好的成绩。可以说2019年是过去十年里华与华最好的一年，也是未来十年里华与华最差的一年。这就是因为我们有自己的气候，有自己的节奏，我们没有受外部环境的影响。

过去这两年是我们从0到1的过程，如果要我在这里表扬一个部门的话，我就表扬我们的华与华商学院和员工发展部。为什么呢？大家现在看到我们形成了这样的一个体制，从选拔、招聘、考试，到培养、比赛、奖励，这是一套比较完善的训战体系了。

我说我们会在2020年完成从0到1的过程，就是要完成我们人力资源政策这最后的板块了。

现在可以看到，我们公司每一个带兵打仗的人，武能进店卖货，文能上台讲课。所以培训人、成就人，关心我们自己的成长就成了我们最重要的事，人的成长才是最后的成果。

为什么我讨厌把HR叫作人力资源部？因为我觉得把人当资源这

个角度就已经不正确了，人本身是我们经营的目的，所以我说我们华与华的HR叫HD，员工发展部。

2. 华与华儒商思想

当我们完成从0到1后，从1到100，我们要靠什么实现呢？

我认为就是要靠我们华与华的儒商思想来实现。大家记住，我这里没有说靠华与华方法实现，我也没有说靠丰田生产方式来实现。

华与华方法是我们的专业技术，丰田生产方式是我们的管理技术。而华与华的儒商思想是我们的哲学，是我们的价值观，这个价值观才是最根本的。

我一直讲我们的价值观跟别的价值观有一点不同，哪一点不同呢？我们的价值观是真的，没有一个字是假的。

我经常看到一些伟大的企业家讲价值观，但是他下面企业的行为和他的价值观是脱节的，一到行动，就“具体问题具体分析”了，都是权宜之计，没有真正地做到言行一致、知行合一。

转换舒适区

为什么我说要实现这个愿景是靠华与华的儒商思想呢？这里我要跟大家提一个概念，叫作“转换舒适区”。

人们总是说要走出舒适区，但人又总是不能走出舒适区，因为他懈怠了，懒惰了。对有些人来说，早上的舒适区就是在被窝里，你要他走出舒适区，早上起床洗漱，然后出去跑步，他会觉得你是疯了。

但是对有些人来说，他每天必须早起跑10公里，一天不跑他就难受，就像我每天早上5点必须起床写两小时的书一样，不写就难受。

很多朋友佩服我的“毅力”，但他们不知道我早上5点钟的舒适区不在被窝里，而是在书桌前，那时候如果你不让我起床，我就会很难受。

每个人的舒适区不一样，所以他想要的就不一样，我们要做的不是走出舒适区，而是要转换舒适区。

对我们公司来说，我希望你们要进到哪个舒适区呢？我用一句话来说，叫作“仁者，天下之广居，生知安行，居仁行义”。就是要求大家对客户绝对忠诚，一旦有一个事儿不忠诚了，就难受，就要马上调整回来。

这样，对客户绝对忠诚就成为你的舒适区，说了一个字的假话、偷了一会儿懒，就会自己难受。

“仁”就是一间屋子，你住在这个屋子里面，就是居仁行义，一举一动都是仁义的，而且你很舒适，就像在自己家里一样。如果你一直在这个屋子外面，每做一个事，都要求你到这个屋子里面来做，你是不是就有一个强迫症的过程？等你适应了这个强迫症的过程，你就转换了舒适区。

这就是“生知安行”和“学知利行”的区别，生知安行是生而知之，安而行之，如果做错了心里就会不安，自己浑身难受。学知利行是知道这样做对自己有利，学着去做，那还是比较费劲的。

我们的同事老杨刚来华与华的时候，在之前的咨询公司养成了习惯，认为如果客户问自己什么问题，是不可以答不上来的，所以客户问他的时候，他明明不懂，也先闪烁其词，在转圜中寻求出路。

我跟他说：“你不知道就不知道，说自己不知道会死吗？说自己不知道才是对客户负责。”他花了好长时间才改正过来。现在的老杨呢？他在述职的时候也说了，现在一旦跟客户说了一句自己都没想清楚的话，就浑身难受。

这就是他的舒适区转换了，原来是答不上客户问题就难受，现在答不上来不难受，没想清楚就回答了才浑身难受。这也是学会了“知之为知之，不知为不知，是知也”，对这句话知行合一了。

尽人之性，至诚无息

华与华方法的经营哲学，是集中、西、日之正道，所以我们一个讲的就是“正”字，另外一个我们讲的是“诚”字，我看大家已经学会了，都在讲“尽性”。

《中庸》里面说“天命之谓性，率性之谓道，修道之谓教”。天命之谓性，就是上天给你的性质，相当于给这个物体的物理性质或化学性质。水到100摄氏度就要变成气体，到0摄氏度就会结冰，这是它的物理性质。

我们每个人都有自己的天性，把天性最充分地发挥出来就是大道，修这个道就是教化的过程。

“唯天下至诚，为能尽其性。”对客户一定要一片至诚，要无我，要只想着怎么把这个活干好，只想着怎么去帮他解决问题，而不去管他高不高兴，你就能“尽性”，就能充分发挥出自己的价值。

我说真人真心真本事，就是要充分地发挥，就是尽人之性。作为一个领导者不仅要尽己之性，还要尽人之性，就是要让你的下属得到充分的发挥，让每一个人都尽性。

所以，领导者需要做到三点：

第一，你能带领大家打胜仗。

第二，你能让每个人都能充分地发挥。

第三，你能培养新的领导者。

这就是对领导者的三个要求。我们在座的各位最重要的工作，就是培养出新的领导者，能尽人之性。

《中庸》说“至诚无息”，无息是没有停息。什么是原则？原则就是没有例外，对谁都是一样没有私心。不管对千亿级企业还是千万级企业，我们都是一样的，不管什么时候，都是一样尽心尽力为客户服务。

“无息则征”，征，就是表现出来，没有私心时间长了，自然就表现出来了，这是一点点攒起来的东西，叫作“路遥知马力，日久见人心”。

无息则悠远，持续的时间很长，就是基业长青；无息则博厚，厚德载物；无息则高明，高明到超出他人的想象，活在他人想象之外。我们现在就活在他人想象之外。

所以，我们修身修的就是一个“诚”字，一个“正”字；就是《大学》八条目中的诚意正心。

“格物、致知、诚意、正心、修身、齐家、治国、平天下”，把“齐家”改成“齐司”，我们全公司的人整整齐齐，用同一个态度、立场，对待所有客户；治国，就是要做到中国第一；平天下，就是要做到世界第一。这就是我们未来20年要走的路。

言行相顾，衣锦尚絅

那么要走这个路，最重要的是什么呢？

我说叫作“言行相顾，衣锦尚絅”，言行相顾就是言顾行，行顾言，说话看看自己做到没有，做事看看自己说过没有，说到的要做到，要言行相顾，知行合一。

衣锦尚絅就是里面穿了锦衣，外面再罩一件麻衣，不要说漂亮话，宁愿丑话说在前头，然后把事情做漂亮。

为什么我反复强调你们不要夸大？因为你10件事儿有9件事儿都没夸大，但有1件事被人家注意到你夸大了，他会就认为你剩下9件全是夸大的。

那怎么能够保证不夸大呢？不是要说一是一，说二是二。如果是1，你就说0.8；如果是2，你就说1.6，往少了说。这就是衣锦尚絅，我们里面穿着锦衣，然后还要在外面套一件麻衫，永远不夸大。

推己及人，由内而外，由近及远

我们的哲学是什么？我们常说要有哲学级的洞察，要追求最根本的解决方案。

哲学就是世界观和方法论，就是你怎么认识这个世界，怎么认识这个事的。由于有这个认识，所以你就有从根本上解决这个问题的方法。始终服务于最终目的，随时回到原点思考，一切寻求最根本的解决。

我们公司的未来、我们的愿景能否实现？最根本的解决就靠这几句话，也就是我们的企业文化：

经营使命：让企业少走弯路。

核心价值观：不骗人　不贪心　不夸大。

企业精神：真人真心真本事。

经营理念：悦近来远　终身服务。

实际上就是推己及人，由内而外，由近及远，你们始终记住这句话，推己及人就是将心比心，就是换位思考，换了你是客户你会怎么样，你就知道你该怎么做了。

这就是忠恕之道，己所不欲，勿施于人。“己欲立而立人，己欲达而达人”，这个道理非常简单易行，你要养成随时以不自欺的态度进行自我检查的习惯，就能知行合一。

什么叫由内而外？什么东西都是先在内，然后向外。今年我们百万大奖赛的票很快就卖光了，为什么？因为我们这是第六届，如果我们现在是第一届，能卖出去吗？

我们在内部已经诚心诚意搞了五年，发了五个一百万元大奖出去，没有停息，无息则征，就表现出来了；则悠远、则博厚、则高明，大家都想花钱来观摩了。

所以，这种由内而外，由近及远，就是这个原理。这个原理告诉我们，要关注的是你自身，其他什么都不用管。

我告诉大家，我们就是管自己。自己的事情你一定要全力以赴，对外部环境的事情逆来顺受，不然你还能怎么样呢？不管他是国际风云还是国内大事，他也没征求你的意见，你也控制不了，我们连控制自己吃饭管住嘴少吃、晚上早睡、早上早起都控制不了，还要控制世界吗？“大环境”的事，别说没征求我意见，不需要我管，他就是征求我意见，我也不在其位，不谋其政。

知行合一，掌握王道原理

一开始我说我们今天的影响力还不到我们实力的1%，我们还有100倍、1000倍的空间。这是为什么？这是因为我们知行合一，掌握了王道的原理。

王道的意思就是说我只管照顾好我的人民，如果邻国也照顾好他的人民，我们一起求仁得仁，相安无事，这不是很好吗？但是如果他不能照顾好他的人民，是不是他的人民就希望我去伐其国而救其民？就是这么一个过程。

我只管服务好自己的客户，如果别人也把他的客户服务得很好，那大家都好，如果他服务得不好，客户自然就要到我们这里来了，这种状态持续30年，我们就能够王天下。

我们公司从成立到2019年为止，接触服务了不到200个客户，现在留下的有40多个客户，这是我们一个一个攒起来的，我们的案例也是一点一点攒起来的，越来越多的客户被不断地吸引来，这种吸引力它最后的加速度是很大的。

王道原理就是这样，越往后被吸引的人就越多，就是几何级数的加速，就是王天下。

但是，在这个过程里面，我们不能犯错误。百年基业、百年品牌，这个百年不是你说了算的，而是你值不值得让人、让社会觉得你值得在这个社会上存在一百年。就是如果你死了，全世界的人都认为这事业值得再传一百年，这才是真正的百年品牌。

要做一个让人觉得“值得”和“信服”的公司，你要让员工觉得值得在这里干，你要让社会觉得你值得存在。什么东西值？唯有仁爱，值得相传。

比如说葵花做儿童药，你只有是对中国儿童绝对忠诚，只有对儿童充满仁爱，你才值得成为百年品牌。

足力健，只有对老人的仁爱，才让足力健值得成为百年品牌，我觉得足力健做到了。蜜雪冰城，因为对消费者充满仁爱，它一杯奶茶只卖10块钱，所以它有这么快速的成功，把这个坚持下去，就能成为百年品牌。

那么我们以这样的思想、这样的哲学、这样的价值观去做人做事，我们就一定能吸引更多志同道合的企业家来，我们又何必跟那些患得患失的人在一起呢。

3. 对客户事业的绝对忠诚

对华与华来说，我们只有凭借对客户事业的绝对忠诚和对华与华方法的仁智，才值得百年。

用我们的仁智，仁心仁术，用我们的智慧去诚意正心地帮助客户，你首先要对得起人，人家才觉得你值得百年。

所以你们从这些事情上再回过头，你每年反复地去看，我们的企业文化、我们的价值观，它的确是真的，我们就是这样做的。

对客户我觉得就是没有一个字是假的，如果一个字说得不那么实，有点飘，就浑身难受，我觉得到了这一步，就是自己把自己给管住了，就是转化舒适区了，没有一丁点虚情假意。

对待客户问题，你毫不客气、丑话说在前面没问题，就是一定不要说假话。不骗人、不贪心、不夸大，要做到绝对无私。

我觉得西贝贾总给我们的最高评价是“华总没有私心”。确实没有一点私心，没有一个字不是为他好，没有一个字是为了自己的私利。因为我们的私利明明白白，他已经完全满足我们了，就是付咨询费而已。

按时付款就是华与华基本法

我们什么都不要，无我无私，绝对没有一丁点私心，而是不遗余力、尽心尽力，有忙就帮，给钱就干。所以，华与华的精神，就是“大公无私，给钱就干”。

一切问题要寻求最根本的解决，2020年我们要解决回款的问题，第一步就是要把按时回款写进《华与华使用说明书》，客户一来就给他说清楚，按时付款就是华与华基本法，我们的一切都以此为前提，要先付款才干活，我们要把这个提前跟客户说清楚。

现在大家都知道华与华是客户第一，那我们是怎么定义客户的呢？对我们来说付钱的才叫客户，不付钱的不叫客户，所以我们不会为了谈客户付出任何一分钱的成本，我们把所有精力都投入在已经付钱的客户上。

那什么叫好客户呢？大家定义好客户的标准都是什么？在华与华，好客户的标准就是始终坚持按时付钱的人。

我们不攀龙附凤，因为我们本来就是龙凤，其实这是我的一点骄傲。我们也不趋炎附势，因为我们也有自己的形势。

我们也不看什么大环境，因为我们要自己创造自己的环境，除了钱我们啥都不缺。

给钱就干，那么这话为什么我敢说呢？因为我打铁自身硬，因为我没在金钱上亏待别人。对客户说给钱就干，一回家，老板不给公司的人发钱，这还叫给钱就干吗？

所以我分钱、给奖励只有大方，从没有吝啬过，我们都是不断地发奖，不断地增加大家的收入。

今年，我们的目标不仅是零欠款，零拖款，而且是零催款，不需要催款，到时间客户自己主动付钱，砍掉催款的动作浪费，砍掉催款的作业成本。

怎么做到呢？忠恕之道，己所不欲，勿施于人；己欲立而立人，己欲达而达人。四年前我就要求财务对华与华的供应商提前三天付款，今年再强化一下，实现零催款，不要人家给我们发微信提醒付款。

任何事情要求别人的时候自己要率先垂范，自己做不到的就别要求别人，这就是我们的理念。所以我们在说“给钱就干，不给钱不干，什么时候给钱什么时候干”的时候那叫一个理直气壮，因为我们做到了。

所有的成功都是集义而生

还有一个，孟子的话，叫作“吾善养吾浩然之气”。我们每个人出去的时候，身上都要带着浩然之气，这个浩然之气就是你把你说的都做到了。

说让企业少走弯路，就尽心尽力帮助企业少走弯路，说不骗人，真就一个骗人的字都没有。这个是最重要的，我告诉你们，这是真正的核武器。

什么是浩然之气呢？孟子说："其为气也，至大至刚，以直养而无害，则塞于天地之间。其为气也，配义与道；无是，馁也。是集义所生者，非义袭而取之也。行有不慊于心，则馁矣。"

浩然之气，是天地之正气，气本来就是浩然充实于天地之间，也充盈于身体之内。但是，如果我们自己不懂得养气，就气馁了，气虚了。

浩然之气，是集义而生，持续的积累所产生的，不能间断，非义袭而取之也。不是偶然遇上一件大仁大义的事，像搞突然袭击一样，搞一场就能得到浩然之气的。

不管你曾经多么大仁大义，一旦"行有不慊于心"，做了一件

内心有愧的不义之事，这浩然之气一下子就泄掉了，真气没了，气馁了。

我经常讲一个公司里的笑话。小严刚来的时候，跟我一起接待一个客户，那时候他不知道我们公司接洽新客户，遵循的是孟子定的规矩：“有来学，无往教。来者不拒，往者不追。”客户谈完离开后，是不许跟进的，不许问他考虑得怎么样，他要来等他自己来。

小严呢，就不断追问对方，还把跟对方的微信截屏发给我，汇报“客情动态”。我当时收到那微信，叮的一声，就像我正气血充盈地走在大街上，顾盼自雄，突然屁股被人扎了一针，气泄了，馁了，瘪了，一直低到尘土里，这就是浩然之气没了。

大家要养这浩然之气，就是要记住，自己每一个字都是真的，都照说的做，就有浩然之气。

还有永远不要夸大。我们轻易不要说什么案例是我们做的，只有华与华是我们做的，合作成功是双方的运气，合作失败就各自消化自己的失败。

你们要理解这种修身、齐家、治国、平天下的原理，那都是自己的修养，事业越大，越是靠你的修养，不是靠你的本事。

所有的成功都是集义而生，不是义袭而取。就是一点一点地攒起来的，一个人做一件好事不难，难的是一辈子只做好事，不做坏事。一个人守一次原则不难，难的是一辈子不管碰到什么情况他都始终坚持他的原则，这就叫集义而生。

我经常给人讲说我们的本事跟别人的本事不同，不同在哪儿？我们的本事是真的，我们的价值观也跟别人的价值观不同，我们的价值观也是真的，真正能够做到对客户的事业绝对忠诚，那我们就能够基业长青，浩气长存。

这就叫作“仁者不忧，智者不惑，勇者不惧”，当你真正成为一个仁者的时候，就能求仁得仁，因为你不担心最后的结果。

我无愧于心，觉得把该做的事都做到了，我自然就没有忧。智者不惑，我都看清楚了，我就没有迷惑。勇者不惧，我就能够勇往直前。

这些是我今年想跟大家分享的内容，最后我们再做个总结。

华与华的儒商思想是我们的哲学，是我们的价值观，这个价值观才是最根本的。对待客户要绝对忠诚，在工作上充分地发挥自己，能够做到言行一致，你对别人有什么要求，你自己要先做到。不骗人、不贪心、不夸大，做到绝对的无私。

当我们真正能够做到对客户的事业绝对忠诚，那我们就能够基业长青，浩气长存。谢谢大家！

附录二

华杉2020年读客年会发言：抓关键动作

读客的小伙伴们，大家新年好！每年来读客年会，都觉得很幸福！我们两家兄弟公司，在各自的领域都取得了成功，也真是我很大的福气了！

我想用简短的十几分钟时间，跟大家分享一下我这一年的心得体会。

1. 公司到了一定规模，就需要管理技术

一个企业首先需要有专业技术、管理技术、激励机制和企业文化。

超级符号方法，就是读客和华与华共同的专业技术，是我们的核心技术，我们是靠这个吃饭的。但是，公司到了一定规模，就需要管理技术。

华与华从2015年开始请日本顾问公司导入丰田生产方式，就是引进管理技术。在管理技术上，华与华是以丰田汽车为宗师，用我的“吃药三原则”来说，叫作“药不能停，药不能换，药量不能减”，我们就一直以丰田为师。

2017年，丰田汽车和大众汽车销售收入相当，但是丰田的利润是大众利润的三倍。它们的汽车技术没有那么大差距，战略水平也没有那么大差距，差在哪里呢？就差在管理技术上。

华与华在开完年会之后，紧接着又开了两天的“裂变2”会议，还是请咨询公司来帮助我们，用引导力的技术，引导我们凝聚共同愿景，讨论我们的激励机制。

在这个会议上，我说我们是要做到“七立”：立志、立功、立言、立德、立法、立人、立项。

首先是立志。人首先要有志向，企业的志向就是经营使命。志有定向，干一行，爱一行，并把它作为终身事业，终身追求，终身钻研。我们因为有志于咨询，或者有志于出版业，才走到一起。否则，每年这个时候，都有人在微信上兜售“未来十年最赚钱的行业”这样的“毒药”给你，而你看完心里可能也在盘算着准备转行了。

立志之后是立功，刚才大家比赛汇报2019年的成功案例，就是立功。

立功之后是立言，华与华方法，读客方法，就是立言。

立言之后是立德，公司如何对待员工，如何对待客户，如何对待社会，就是立德。华与华对供应商提前三天付款，读客从不对作者隐瞒印数，都是立德。

立功是基础，立言是文以载道，立德是根本。立功是入场券，立德决定你能走多远，做多大。你的事业越大，决定你成败的就不再是你的专业技术，而是你的修养。

在华与华年会上，我说，我们现在做到2亿咨询费收入的规模，未来要做20亿、100亿，就不是靠“超级符号就是超级创意”，而是靠我们的企业文化，靠“不骗人”这三个字。

立法就是公司和大家立约，这是我们的激励机制和人力资源政策。所以，我在华与华裂变会上，说我们要降低企业内部交易成本，建成一个员工自治的事业社区。

立人是成就人，有立志、立功、立言、立德、立法，就能立人，成就每一个人。人本身是经营的目的，而不只是公司的“人力资源”，华楠刚才讲大家为谁而战，我们就是为自己和家人而战，每一个人都能在这里有所成就。

立项是讲业务战略和经营活动，不断地开拓新的业务，新的项目，新的布局，有立项，才有成果物。

2. 华与华2019年的四大进步

回过头来讲我们的管理技术，我这一年的进步和心得，我讲四个方面——持续改善、三现主义、自工序完结和抓关键动作。

持续改善

差不多十年前，有一次我和晨光文具的董事长陈湖雄讨论丰田生产方式，我很兴奋地讲了少人化、多技能工人、U型生产线、全攻全守、后工程引接、A4计划、JUST IN TIME等一大堆概念。他说：“我认为你还没有说到丰田生产方式的精髓，我认为，丰田的精髓是持续改善，如果一个公司，每一个人都有持续改善的精神和习惯，那这个公司就太可怕了。”

那时候，华与华还没这么多人，我对他的话没有体会，但是我记住了他的话。今天，我知道了什么是持续改善，并且明白，丰田的高利润，来源于全球二十万员工每天都在挖空心思找改善。

华与华开展持续改善活动已经五年，可以说，公司每一个人都有持续改善的意识，而且将持续改善的技术用于客户门店和销售终端，取得了非常大的成果。

但是，如果持续改善是100分，我认为华与华的持续改善意识只有40分，还没及格。为什么呢？

日本老师对持续改善的定义是，做同一项工作，每一次都比上一次做得更好，并且能说出好在哪里。

这个就厉害了！比如，我们今年年会是不是比去年开得更好，好在哪里呢？我们年会的午餐环节是不是比去年有改善，改善在哪里呢？合影环节是不是比去年有改善，改善在哪里呢？对每一项作业，每一个动作，在每一次做的时候，都和上一次进行比较，有没有改善？使劲地找，还有什么地方可以改善？

是不是太可怕了？如果全公司每一个人都形成这种习惯，一天不改善就浑身难受，谁还能敌得过这个公司？

三现主义

第二个是三现主义：现场、现物、现实。

到现场，看到现物，看到正在发生的现实，然后把握现状，找到真因，制定对策，解决问题，一切答案都在现场。

自工序完结

第三个，自工序完结，这是我要讲的又一个重点。什么叫自工序完结？就是不把次品传给下一道工序，不给他人添麻烦。

刚才演讲比赛，有同事讲到一次书展，花了八小时布展完毕，累得筋疲力尽，结果上级领导来一看，不行！于是推倒重来，干了一个通宵，最终如期开展，大获成功。那么，这第一次被推倒重来，就是没有自工序完结。

为什么没能自工序完结呢？如何防止这样的事情再次发生呢？这就要复盘，要改善。

大家想一想，我们平时工作，有没有自工序完结的意识？向领导汇报方案，是拿个半成品给领导挑选，还是拿出一个可以马上执行的方案？

华与华能在咨询业取得成功，自工序完结是非常关键的原因，用客户的话说："华与华的方案能落地。"也就是说，我们提供的都是拿去就能用的可执行方案，不是一堆想法，更不是只是一堆"启发"。客户为什么会有这样的赞叹呢？因为咨询业的绝大多数公司，99.9999%，都没有自工序完结的意识。

自工序完结的意识，无处不在。开会的时候，散会后把椅子推回原处，这也是自工序完结。用在社会上，就是不给他人添麻烦。

东京全城街道上没有一个垃圾桶，喝完的水瓶都自己带回酒店处理，这也是自工序完结。想想咱们这里，开车走路从来不管别人，就是没有自工序完结的文化。

自工序完结是华与华2020年管理工作的一个重点，这个也非常不容易，不仅需要有这个意识，还需要有这个水平，什么水平呢？就是判断水平。

你设计了一个封面，你以为完结了，结果给华楠一看，说不行！要推倒重来！为什么呢？因为你判断认为行，或者根本没判断，反正做完了就给老板看看行不行。自工序完结，就得要求每个人负起判断的责任。

大家想一想，如果公司每个人，对他自己的本职工作，都有自工序完结的意识和能力，这公司还得了吗？

所以我说啊，华与华也好，读客也好，别认为我们的效率全行业最高，其实我们的效率再提高十倍也根本就不是事儿！我们还差得太远了！

抓关键动作

最后一个，抓关键动作。

华与华知胜大厅墙上挂着几行字：知胜2020、年度目标、战略重心、决胜点、关键动作、时间节点，这是我们制订一年战略计划的逻辑。

大家面对自己2020年的工作目标，想一想，抓哪几个关键动作，一定要落在动作上，而动作又落实在“成果物”上。

华与华2019年，人员比2018年减少2%，收入提高25%，净利润率还提高了5个百分点。如何做到的呢？

就是三个关键动作：门店改善、提案视频、品牌道场。

门店改善，指我们给客户增加了销售门店改善的服务，为客户创造了巨大的价值，并且极大地提高了客户对我们的信任。

比如绝味鸭脖的第一次提案中，当客户看到我们的门店改善活动，戴总当场表态说今天这个提案值一个亿。

提案视频，是所有提案都拍成视频呈现给客户，包括超级符号设计提案和门店改善活动的提案。

得到app超级符号提案，大家都知道，当时巨大的反对声浪，都说那猫头鹰丑。罗振宇后来对我说，当时如果没有那个提案视频，他都不会接受这个方案。

有时候，客户或者吃瓜群众，他都不是很专业，他想象不到之后的效果，也就没有了正确的判断。当我们用视频把它展示出来，客户就能看到后面的价值了。

在提案视频之后，我们又增加了品牌道场，提案的时候，全部实物打样出来，并且把公司的展厅布置成一间门店给客户看。

东鹏由柑柠檬茶的提案，饮料包装是热收缩膜的，全部打样布置了一间门店，还有促销小姐站在现场促销。

新西特乳铁蛋白，铁罐的包装也全部打样出来，整整布置了几个货架。

人本帆布鞋，我们设计了一款新鞋，过去可能看个效果图，或者再上档次一点，有视频展示，已经很高大上了吧？这次我们直接把鞋子做出来了。为了保密，不让客户先看到，我们自己去东莞打样。

门店改善、提案视频、品牌道场，这三个关键动作，提高了我们提案的通过实施率、客户的续约率，也提高了我们的销售收入和利润率。

这三个动作本身是有投入的，一年下来，要增加好几百万的成本，但是，我们的利润率却提高了，为什么？因为效率高了。

以上是我今天要和大家分享的：持续改善、三现主义、自工序完结和抓关键动作，希望对各位2020年的工作有启发。

特别鸣谢

感谢为本书作出贡献的以下人员（排名不分主次）：

足力健项目：贺绩、杨鹏宏、徐前程、何天鑫
傣妹项目：周庆一、张高云、王国任、陈远
牛小灶项目：刘群越、林奕杰
洽洽项目：黄慧婷、杨浚祥、李江海、林微
老娘舅项目：许永智、廖文逸、张少彬、姚燕
立高项目：杨鹏宏、徐前程、任秀杰、赵春媚
新东方项目：宋雅辉、王国任、项乐双、苟梦
蜜雪冰城项目：杨鹏宏、冯雨、李兵、徐前程、吴宏普
华与华商学院：颜艳、夏晓燕、李瑶